頭にしみこむ
メモリータイム！

寝《ね》る前5分
暗記ブック

小6

Gakken

もくじ

★理科

毎日ちょっとずつ
でいいんだよ。

★社会

★国語 ※国語は後ろ側から始まります。

この本の特長と使い方

★この本の特長

暗記に最も適した時間「寝《ね》る前」で，効率よく暗記！

この本は，「寝る前の暗記が記憶《きおく》の定着をうながす」というメソッドをもとにして，小6の重要なところだけを集めた参考書です。

暗記に最適な時間を上手に活用して，小6の重要ポイントを効率よくおぼえましょう。

★この本の使い方

この本は，1項目《こうもく》2ページの構成になっていて，5分間で手軽に読めるようにまとめてあります。赤フィルターを使って，赤文字の要点をチェックしてみましょう。

①

1 縄文時代と弥生時代

★今夜おぼえること

縄文《じょうもん》時代，遺跡《いせき》は青森《あおもり》県の三内丸山。豊かな恵《めぐ》みを願う土偶。

米づくり広まる弥生《やよい》時代，収《しゅう》かく物は高床（の）倉庫へ。

②

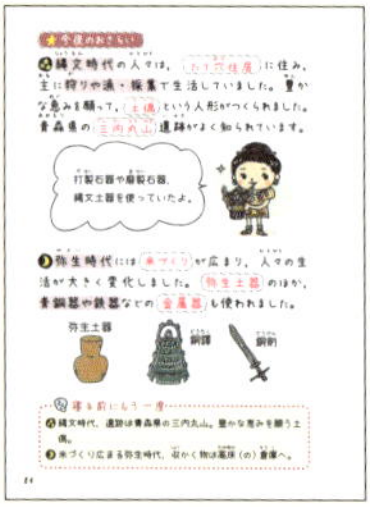
★今夜のおさらい

縄文時代の人々は，たて穴住居に住み，主に狩りや漁・採集で生活していました。豊かな恵みを願って，土偶という人形がつくられました。青森県の三内丸山遺跡がよく知られています。

弥生時代には米づくりが広まり，人々の生活が大きく変化しました。弥生土器のほか，青銅器や鉄器などの金属器も使われました。

寝る前にもう一度

縄文時代，遺跡は青森県の三内丸山。豊かな恵みを願う土偶。

米づくり広まる弥生時代，収かく物は高床（の）倉庫へ。

①1ページ目の「今夜おぼえること」（英語では「今夜の単語」）では，その項目の重要ポイントを，ゴロ合わせや図解でわかりやすくまとめてあります。

②2ページ目の「今夜のおさらい」では，1ページ目の内容をやさしい文章でくわしく説明しています。読み終えたら，「寝る前にもう一度」で重要ポイントをもう一度確《かく》認《にん》しましょう。

1. 町

□ 月 日
□ 月 日

★今夜の単語

school《スクーウ》 学校

house《ハーウス》 家

station《ステイション》 駅

library《ラーイブレリ》 図書館

park《パーク》 公園

car《カーア》 自動車

bike《バイク》 自転車

- bus《バス》 バス
- train《トレイン》 電車
- zoo《ズー》 動物園
- bank《ベアンク》 銀行
- hospital《ハースピトオ》 病院
- restaurant《レストラント》 レストラン
- post office《ポウスト オーフィス》 郵便局《ゆうびんきょく》

★今夜のおさらい

イラストに合う単語を選ぼう。

bike《バイク》 ・ bus《バス》

station《ステイション》 ・ school《スクーウ》

house《ハーウス》 ・ hospital《ハースピトオ》

イラストに合う単語になるように、□にアルファベットを入れて、パズルを完成させよう。

			↓ p		c ↓	
			a		a	
→ l	i	b	r	a	r	y
			k			

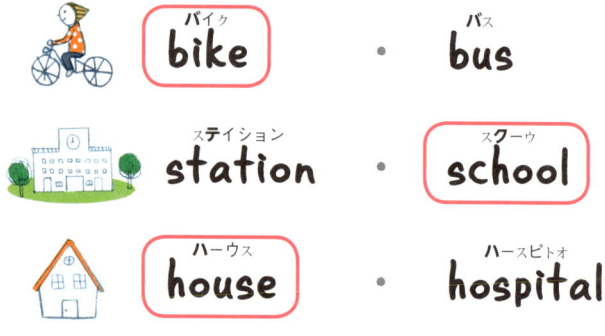

2. 家族・家の中

□ 月 日
□ 月 日

★ 今夜の単語

father《ファーザァ》 父

mother《マザァ》 母

sister《スイスタァ》 姉，妹

TV《ティーヴィー》 テレビ

table《テイボウ》 テーブル

brother《ブラザァ》 兄，弟

piano《ピエァノウ》 ピアノ

- grandfather《グレァンファーザァ》 祖父
- grandmother《グレァンマザァ》 祖母
- boy《ボーイ》 男の子
- girl《ガ〜ゥ》 女の子
- cup《カップ》 カップ
- pen《ペン》 ペン
- bed《ベード》 ベッド
- clock《クラーク》 時計

★今夜のおさらい

イラストに合う単語を選ぼう。

TV《ティーヴィー》 ・ cup《カップ》

pen《ペン》 ・ piano《ピエァノウ》

girl《ガ〜ゥ》 ・ brother《ブラザァ》

アルファベットを並《なら》べかえて，イラストに合う単語を完成させよう。

（父）

[a, e, f, h, r, t] ⇒ father《ファーザァ》

（母）

[e, h, m, o, r, t] ⇒ mother《マザァ》

（姉，妹）

[e, i, r, s, s, t] ⇒ sister《スイスタァ》

[a, b, e, l, t] ⇒ table《テイボウ》

3. 顔・体

□ 月 日
□ 月 日

★今夜の単語

- hair《ヘアァ》 かみの毛
- nose《ノウズ》 鼻
- eye《アイ》 目
- ear《イアァ》 耳
- mouth《マウス》 口
- hand《ヘアンド》 手
- foot《フット》 足 (足首より下)

- body《バーディ》 体
- face《フェイス》 顔
- arm《アーム》 うで
- knee《ニー》 ひざ
- head《ヘッド》 頭
- shoulder《ショウウダア》 かた
- leg《レーグ》 足 (足首より上)
- toe《トウ》 つま先

★今夜のおさらい

イラストに合う単語を選ぼう。

hair《ヘアァ》 ・ arm《アーム》

ear《イアァ》 ・ leg《レーグ》

hand《ヘアンド》 ・ head《ヘッド》

日本語に合う単語になるように、□にアルファベットを入れて、パズルを完成させよう。

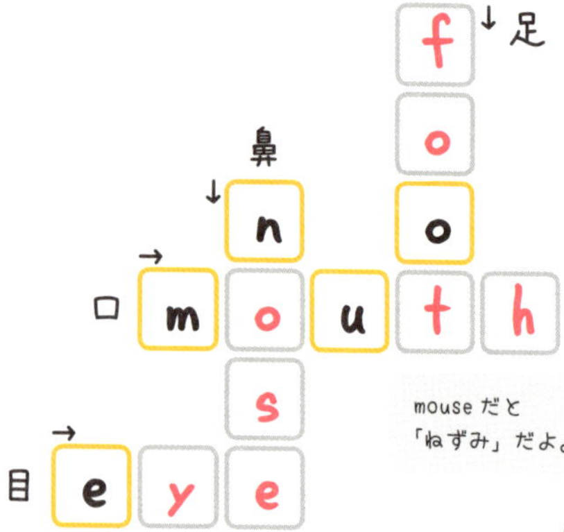

mouse だと
「ねずみ」だよ。

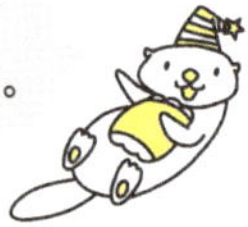

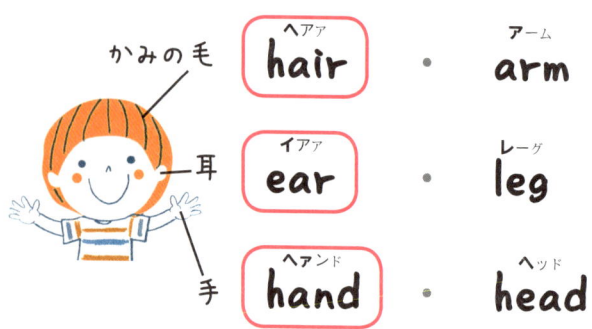

★今夜の単語

cook《クック》
料理人

baker《ベイカア》
パン職人

doctor《ダークタア》
医師

nurse《ナ～ス》
看護師《かんごし》

singer《スィンガア》
歌手

pianist《ピエァニスト》
ピアニスト

teacher《ティーチャア》
教師

scientist《サーイエンティスト》
科学者

- vet《ヴェト》　獣医師《じゅういし》
- artist《アーティスト》　芸術家
- dancer《デァンサア》　ダンサー
- astronaut《エァストロノート》　宇宙飛行士《うちゅうひこうし》
- firefighter《ファイアァファイタア》　消防士
- police officer《ポリース オーフィサア》　警察官《けいさつかん》
- soccer player《サーカア プレイアア》　サッカー選手

★今夜のおさらい

イラストに合う単語を選ぼう。

astronaut《エァストロノート》 ・ **singer**《スィンガァ》

artist《アーティスト》 ・ **baker**《ベイカァ》

scientist《サーイエンティスト》 ・ pianist《ピエァニスト》

次の単語と関係の深い職業になるように、□にアルファベットを入れよう。

restaurant《レストラント》 ⇒ [c] o [o] k
（レストラン）

hospital《ハースピトォ》 ⇒ do [c] t [o] r
（病院）

⇒ n [u] rs [e]

school《スクーゥ》 ⇒ te [a] c [h] er
（学校）

5. 月

☐ 月 日
☐ 月 日

★今夜の単語

1月

January《ヂェァニュエリ》

2月

February《フェブルエリ》

3月

March《マーチ》

4月

April《エイプリゥ》

5月

May《メイ》

6月

June《ヂューン》

7月

July《ヂュラーイ》

8月

August《オーガスト》

9月

September《セプテンバァ》

10月

October《アクトウバァ》

11月

November《ノウヴェンバァ》

12月

December《ディセンバァ》

まずは，自分の生まれた月を覚えよう。

★今夜のおさらい

イラストに合う単語を選ぼう。

3月

April《エイプリゥ》 ・ March《マーチ》

7月

June《ヂューン》 ・ July《ヂュラーイ》

9月

September《セプテンバァ》 ・ November《ノウヴェンバァ》

1月から順になるように、□にアルファベットを入れよう。

January → February → March →

April → May → June →

July → August → September →

October → November → December

6. 国・曜日

□ 月 日
□ 月 日

★今夜の単語

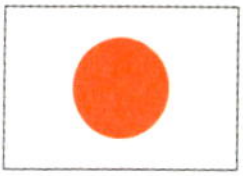

Japan《ヂャペァン》 日本

China《チャーイナ》 中国

Korea《コリーア》 韓国《かんこく》

America《アメリカ》 アメリカ

France《フレァンス》 フランス

Brazil《ブラズィゥ》 ブラジル

Kenya《ケニャ》 ケニア

India《インディア》 インド

Sunday《サンデイ》 日曜日

Monday《マンデイ》 月曜日

Tuesday《テューズデイ》 火曜日

Wednesday《ウェンズデイ》 水曜日

Thursday《サ〜ズデイ》 木曜日

Friday《フラーイデイ》 金曜日

Saturday《セァタデイ》 土曜日

★今夜のおさらい

国旗に合う単語を選ぼう。

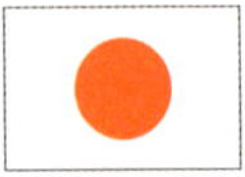
日本

Japan《ヂャペァン》 ・ China《チャーイナ》

アメリカ

France《フレァンス》 ・ America《アメリカ》

ブラジル

Brazil《ブラズィゥ》 ・ India《インディア》

日曜日から順になるように、□にアルファベットを入れよう。

Sunday → [M]onday →

[T]uesday → [W]ednesday →

[T]hursday → [F]riday →

[S]aturday

★今夜おぼえること

ゴロ合わせ　円の面積求めたければ、

半　欠け　半　欠け　さあ、いい　よ！
（半径）（×）（半径）（×）（3.）（1）（4）

例

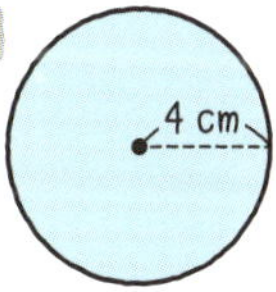

円の面積を求める公式

➡ 円の面積＝半径×半径×円周率（3.14）

左の円の面積は、

$4 \times 4 \times 3.14 = 50.24$ (cm²)

円の一部分の面積 ▶ 同じ半径の円の面積を2でわったり、4でわったり。

例1

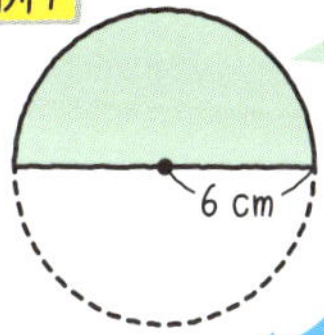

半径6 cmの円の$\frac{1}{2}$

面積は、

$6 \times 6 \times 3.14 \div 2$

$= 56.52$ (cm²)

例2

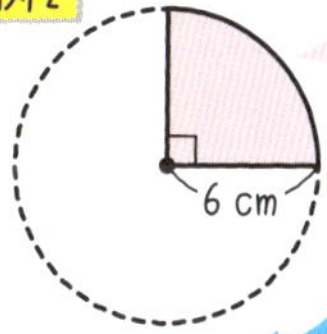

半径6 cmの円の$\frac{1}{4}$

面積は、

$6 \times 6 \times 3.14 \div 4$

$= 28.26$ (cm²)

★今夜のおさらい

円の面積は，次の公式で求められます。

円の面積＝ 半径 × 半径 ×円周率
3.14

例

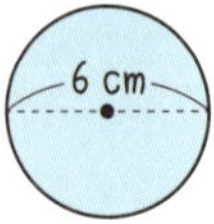

左の円の面積を求めると，
半径は，6÷2＝ 3 (cm)
面積は， 3 × 3 ×3.14＝28.26 (cm^2)

円の一部分の面積は，同じ 半径 の円の何分の一になっているかを考えて求めます。

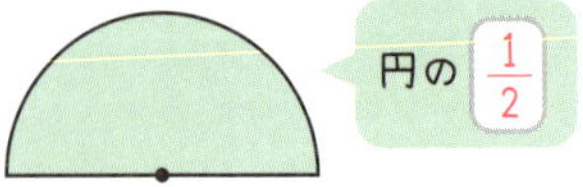

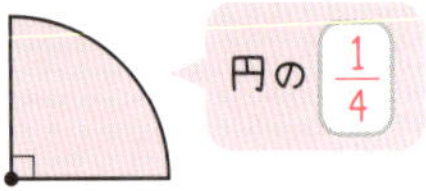

例 この部分の面積は，

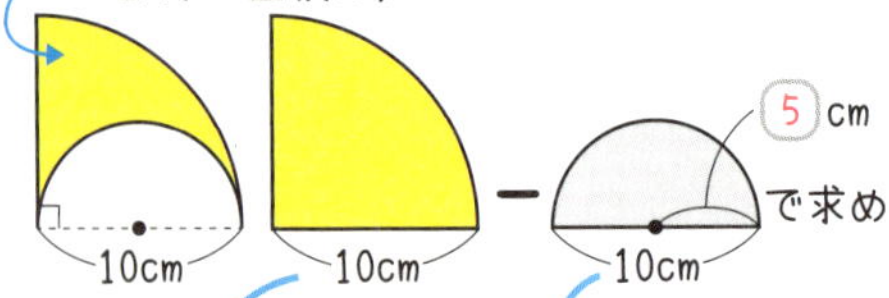

で求められるから，

10 × 10 ×3.14÷ 4 － 5 × 5 ×3.14÷ 2
＝78.5－39.25＝39.25 (cm^2)

寝る前にもう一度

- 円の面積求めたければ，半 欠け 半 欠け さあ，いい よ！
- 円の一部分の面積▶同じ半径の円の面積を2でわったり，4でわったり。

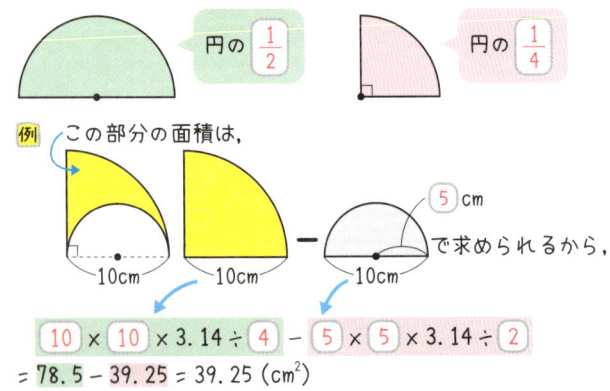

2. 文字と式

★今夜おぼえること

ことばの式に x《エックス》，a《エー》や数をあてはめれば式がつくれる。

例 

このあめを x 個《こ》買ったときの代金を式に表すと，

➡代金＝1個の値段《ねだん》×個数　ことばの式

↓20円だから　↓ x 個だから

$20 \times x$　　　　$20 \times x$（円）

2つの数量の関係も，2つの文字を使えば式に表せる。

例 縦《たて》が 3 cm，横が a cm の長方形の面積を b《ビー》 cm^2 とします。a と b の関係を式に表すと，

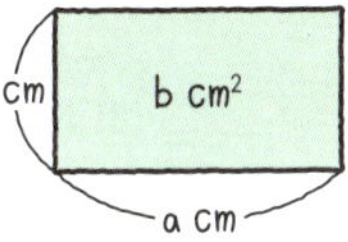

➡縦 × 横 ＝ 長方形の面積　ことばの式

↓3 cm だから　↓ a cm だから　↓ $b\ \mathrm{cm}^2$ だから

$3 \times a = b$　　　　$3 \times a = b$

★今夜のおさらい

いろいろと変わる数のかわりに，文字を使って1つの式に表すことができます。

例　長さa《エー》cmのリボンを5等分したときの1本分の長さを式に表すと，

➡ 1本分の長さ＝全体の長さ÷本数　ことばの式

a　÷　5

$a \div 5$（cm）

単位を忘《わす》れずに！

2つの数量の関係を，2つの文字を使って式に表すことができます。

例　x《エックス》円の品物を買って1000円出したときのおつりをy《ワイ》円とします。xとyの関係を式に表すと，

➡ 出したお金－代金＝おつり　ことばの式

1000　－　x　＝　y

$1000 - x = y$

この式で，xの値《あたい》が200のときのyの値を求めると，

$y = 1000 - 200$

$y = 800$

xの値が決まれば，yの値も決まるね。

寝る前にもう一度

- ことばの式にx，aや数をあてはめれば式がつくれる。
- 2つの数量の関係も，2つの文字を使えば式に表せる。

★今夜おぼえること

分数のかけ算 ▶ 分母どうし、分子どうしをかける。

b《ビー》/a《エー》 × d《ディー》/c《シー》 = $\frac{b \times d}{a \times c}$

例 $\frac{2}{7} \times \frac{3}{5} = \frac{2 \times 3}{7 \times 5}$

$= \frac{6}{35}$

約分できるときはとちゅうで約分！

例 $\frac{3}{4} \times \frac{8}{9} = \frac{\overset{1}{\cancel{3}} \times \overset{2}{\cancel{8}}}{\underset{1}{\cancel{4}} \times \underset{3}{\cancel{9}}} = \frac{2}{3}$

4と8で約分

3と9で約分

帯分数は、仮分数になおして計算。

例 $\frac{2}{5} \times 2\frac{1}{7} = \frac{2}{5} \times \frac{15}{7} = \frac{2 \times \overset{3}{\cancel{15}}}{\underset{1}{\cancel{5}} \times 7} = \frac{6}{7}$

仮分数になおす。

$2\frac{1}{7}$ ➡ $7 \times 2 + 1 = 15$ ➡ $\frac{15}{7}$

分母　整数　分子

$2\frac{1}{7}$が$\frac{15}{7}$に変身！

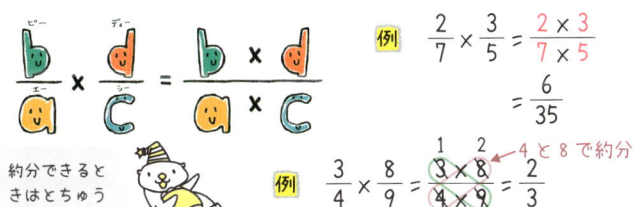

★今夜のおさらい

分数×分数の計算は， 分母 どうし， 分子 どうしをかけます。

約分できるときは，**とちゅうで約分**します。

例　$\frac{2}{5}\times\frac{3}{8}=\frac{\overset{1}{\cancel{2}}\times 3}{5\times\underset{4}{\cancel{8}}}=\boxed{\frac{3}{20}}$

整数×分数の計算は，整数を分母が 1 の分数になおして計算します。

例　$3\times\frac{2}{7}=\boxed{\frac{3}{1}}\times\frac{2}{7}$

$=\frac{3\times 2}{1\times 7}=\boxed{\frac{6}{7}}$

$3\times\frac{2}{7}=\frac{3\times 2}{7}$ と計算してもいいよ。

帯分数のかけ算は， 帯分数を 仮分数 になおして計算します。

例　$4\times 2+1=9$ ⬅分母×整数＋分子＝仮分数の分子

$2\frac{1}{4}\times 1\frac{5}{9}=\boxed{\frac{9}{4}}\times\boxed{\frac{14}{9}}=\frac{\overset{1}{\cancel{9}}\times\overset{7}{\cancel{14}}}{\underset{2}{\cancel{4}}\times\underset{1}{\cancel{9}}}=\frac{7}{2}$

$9\times 1+5=14$

答えは$3\frac{1}{2}$でもいいよ。

寝る前にもう一度

- 分数のかけ算▶分母どうし，分子どうしをかける。
- 帯分数は，仮分数になおして計算。

★今夜おぼえること

分数のわり算 ▶ わる数の分母と分子を入れかえて、かけ算に変身！

b《ビー》/a《エー》 ÷ d《ディー》/c《シー》 ＝ b/a × c/d

$$\frac{b}{a} \div \frac{d}{c} = \frac{b}{a} \times \frac{c}{d}$$

真分数や仮分数の逆数
➡分子と分母を入れかえた数。

例 $\frac{2}{9} \div \frac{5}{6} = \frac{2}{9} \times \frac{6}{5} = \frac{2 \times \overset{2}{\cancel{6}}}{\underset{3}{\cancel{9}} \times 5} = \frac{4}{15}$

逆数をかける。　↑とちゅうで約分。

かけ算とわり算がまじっていたら、かけ算だけの式に。

例 $\frac{4}{5} \div \frac{2}{3} \times \frac{7}{9} = \frac{4}{5} \times \frac{3}{2} \times \frac{7}{9}$ ⬅かけ算だけの式にする。

逆数をかける。

$= \frac{\overset{2}{\cancel{4}} \times \overset{1}{\cancel{3}} \times 7}{5 \times \underset{1}{\cancel{2}} \times \underset{3}{\cancel{9}}}$ ⬅分母どうし、分子どうしをかける。

$= \frac{14}{15}$

まとめて計算できるのは便利！

★今夜のおさらい

2つの数の積が 1 になるとき，一方の数をもう一方の数の逆数《ぎゃくすう》といいます。

逆数を求めるときは，分数の形にして，分母と分子を入れかえます。

例　5の逆数➡ $5=\frac{5}{1}$ だから，$\frac{1}{5}$

0.3の逆数➡ $0.3=\frac{3}{10}$ だから，$\frac{10}{3}$

分数でわる計算は，わる数の逆数をかけます。

例　$\frac{3}{5}\div\frac{5}{8}=\frac{3}{5}\times\frac{8}{5}=\frac{3\times8}{5\times5}=\frac{24}{25}$

かけ算とわり算のまじった式は，逆数を使ってかけ算だけの式になおします。

例　$\frac{3}{10}\div\frac{6}{7}\div0.2=\frac{3}{10}\div\frac{6}{7}\div\frac{2}{10}$ ⬅小数を分数に。

小数がまじっていてもダイジョーブだね。

$=\frac{3}{10}\times\frac{7}{6}\times\frac{10}{2}$ ⬅逆数にしてかける。

$=\frac{\overset{1}{\cancel{3}}\times7\times\overset{1}{\cancel{10}}}{\underset{1}{\cancel{10}}\times\underset{2}{\cancel{6}}\times2}=\frac{7}{4}$

寝る前にもう一度

- 分数のわり算▶わる数の分母と分子を入れかえて，かけ算に変身！
- かけ算とわり算がまじっていたら，かけ算だけの式に。

算数

★ 今夜おぼえること

折ってぴったり線対称《せんたいしょう》。

線対称な形

例

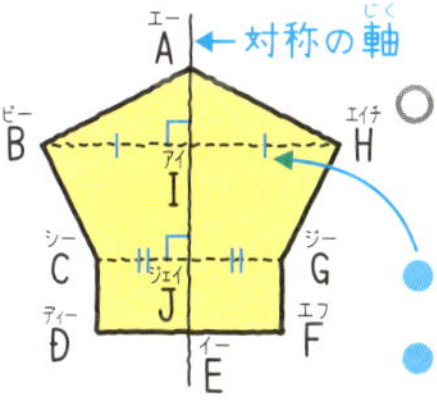

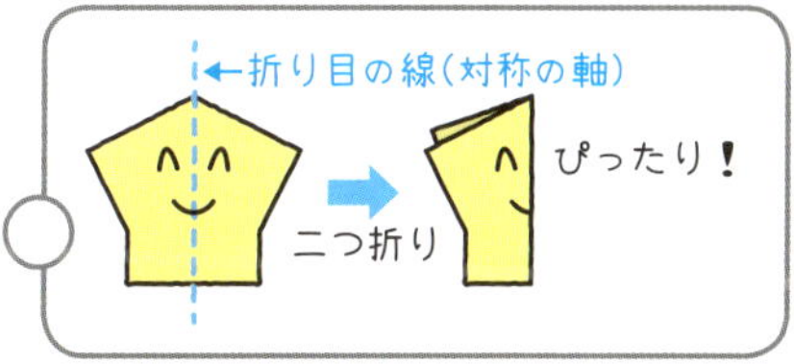

- 点Bと対応《たいおう》する点は点H。
- 直線BHは対称の軸と垂直《すいちょく》に交わり, BIとHIの長さは等しい。

回してぴったり点対称《てんたいしょう》。

点対称な形

例

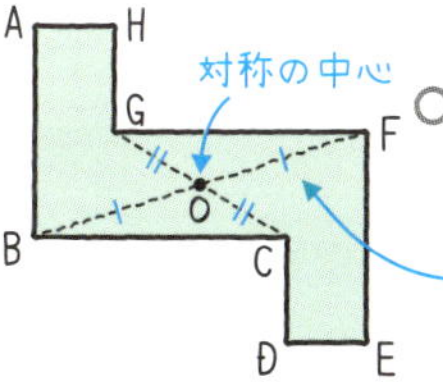

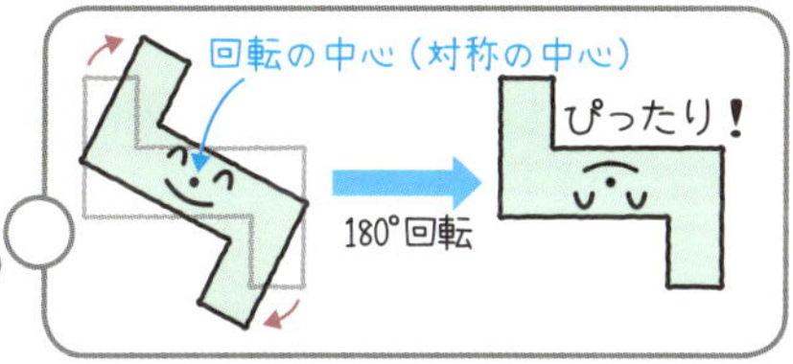

- 点Bと対応する点は点F。
- 直線BFは対称の中心O《オー》を通り, BOとFOの長さは等しい。

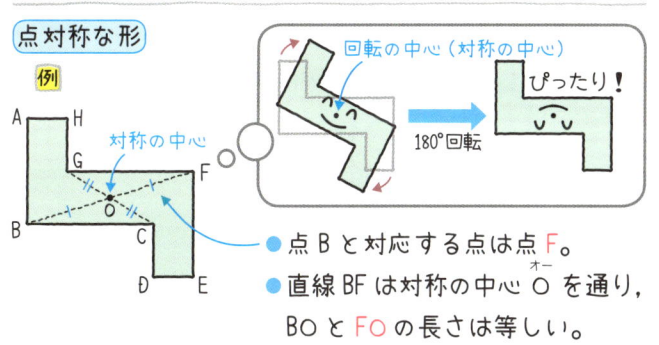

★今夜のおさらい

1本の直線を折り目にして二つ折りにしたとき，ぴったり重なる形を線対称《せんたいしょう》な形といい，重なる点，辺，角を，対応《たいおう》する点，辺，角といいます。

例

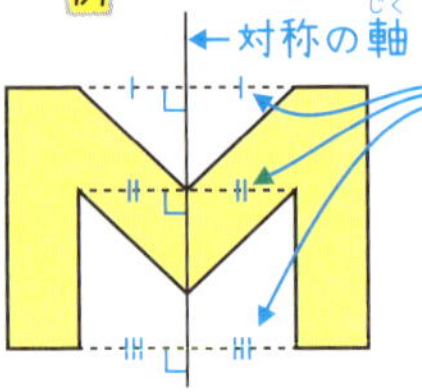

対応する点をつなぐ直線は，

❶対称の軸と垂直《すいちょく》に交わる。

❷交わる点から対応する点までの長さは等しい。

1つの点のまわりに180°回転させたとき，もとの形にぴったり重なる形を点対称《てんたいしょう》な形といい，重なる点，辺，角を，対応する点，辺，角といいます。

例

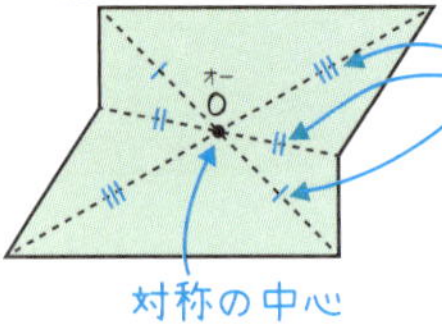

対応する点をつなぐ直線は，

❶対称の中心を通る。

❷対称の中心から対応する点までの長さは等しい。

寝る前にもう一度

- 折ってぴったり線対称。
- 回してぴったり点対称。

★今夜おぼえること

a《エー》：b《ビー》の比《ひ》の値《あたい》は，a÷bを計算。

例　4mと7mの長さの割合《わりあい》を比で表すと，4：7

比の値は，$4 \div 7 = \frac{4}{7}$

比の値が等しい比は，等しいよ。

同じ数をかけても同じ数でわっても，比は等しいま〜んま。

例

（×2）
6：9＝12：18
（×2）

（÷4）
8：12＝2：3
（÷4）

できるだけ小さい整数の比になおすことを，「比を簡単《かんたん》にする」というよ。

★今夜のおさらい

2つの数量の割合《わりあい》を，記号 **:** を使って表したものを **比《ひ》** といいます。

a《エー》:b《ビー》で，**a÷b** の商を **比の値《あたい》** といいます。

例　4:6 の比の値 ➡ 4 ÷ 6 = $\frac{4}{6}$ = $\frac{2}{3}$ ←

1.2:1.8 の比の値

➡ 1.2÷1.8 = 12÷ 18 = $\frac{12}{18}$ = $\frac{2}{3}$ ←

比の値が等しいので，この2つの比は等しい。

a:b の a と b に **同じ数をかけたり**，a と b を **同じ数でわったり** してできる比は，a:b と **等しく** なります。

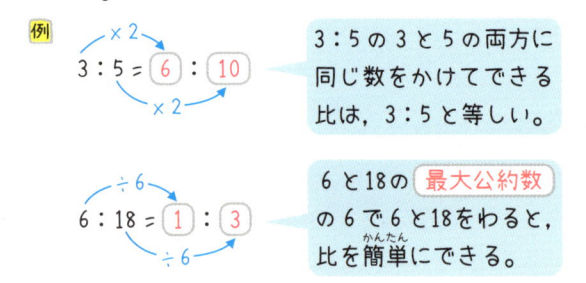

例

×2

3:5 = 6 : 10

×2

3:5の3と5の両方に同じ数をかけてできる比は，3:5と等しい。

÷6

6:18 = 1 : 3

÷6

6と18の **最大公約数** の6で6と18をわると，比を簡単《かんたん》にできる。

寝る前にもう一度

- a:b の比の値は，a÷b を計算。
- 同じ数をかけても同じ数でわっても，比は等しいま〜んま。

7. 拡大図と縮図

□　月　日
□　月　日

★今夜おぼえること

形を変えずに　のばすと拡大図《かくだいず》。
　　　　　　　縮《ちぢ》めると縮図《しゅくず》。

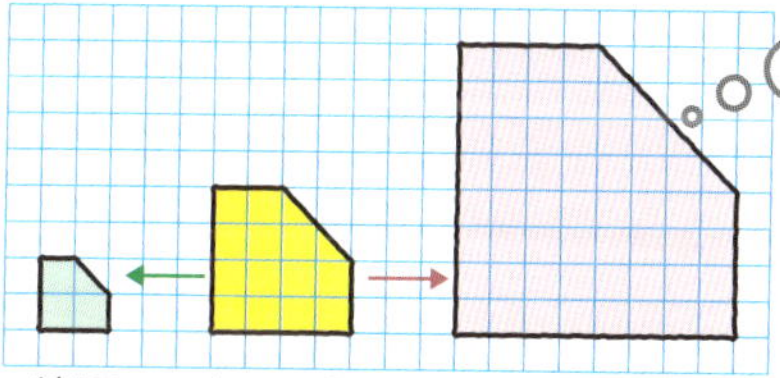

縮図　もとの形　拡大図

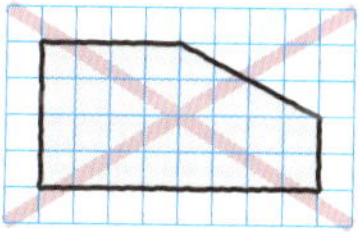

横にだけのばしても拡大図ではない。

2倍の拡大図のかき方 ▶ 辺の長さは2倍で，角の大きさは変えず。

例

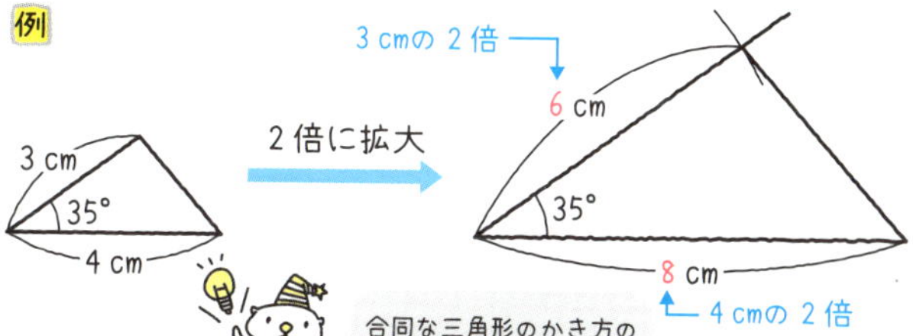

3 cm
35°
4 cm
2倍に拡大
3 cmの 2倍
6 cm
35°
8 cm
4 cmの 2倍

合同な三角形のかき方のうちの，2辺とその間の角を利用しているね。

★今夜のおさらい

もとの図を，形を変えずに大きくした図を**拡大《かくだい》図《ず》**，小さくした図を**縮《しゅく》図《ず》**といいます。

例

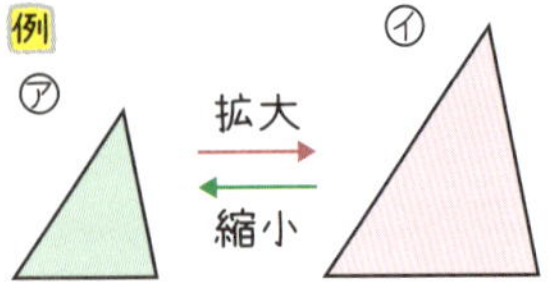

㋑の縮図　　㋐の拡大図

※拡大図と縮図では，

❶対応する辺の長さの**比**は，どれも等しい。

❷対応する角の大きさは，それぞれ**等しい**。

拡大図や縮図をかくときは，対応する辺の長さの**比**と角の大きさを等しくします。

例　3倍の拡大図➡辺の長さを**3**倍にしてかく。

$\frac{1}{2}$の縮図➡辺の長さを**$\frac{1}{2}$**にしてかく。

右のように，1点を中心にして，拡大図や縮図をかくこともできるよ。

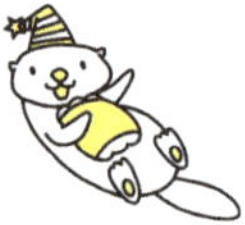

三角形DBE《ディービーイー》は三角形A《エー》BC《シー》の**2**倍の拡大図

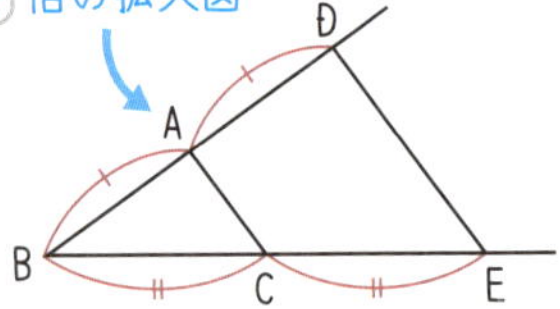

寝る前にもう一度

- 形を変えずにのばすと拡大図，縮《ちぢ》めると縮図。
- 2倍の拡大図のかき方▶辺の長さは2倍で，角の大きさは変えず。

★今夜おぼえること

ゴロ合わせ 速さの公式みち(道)のはじ。

(道のり)　(速さ)(時間)

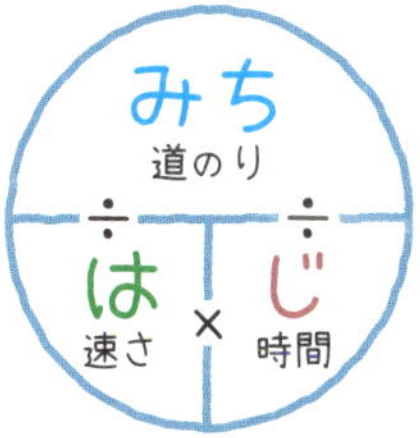
みち
道のり
÷
は
速さ
×
÷
じ
時間

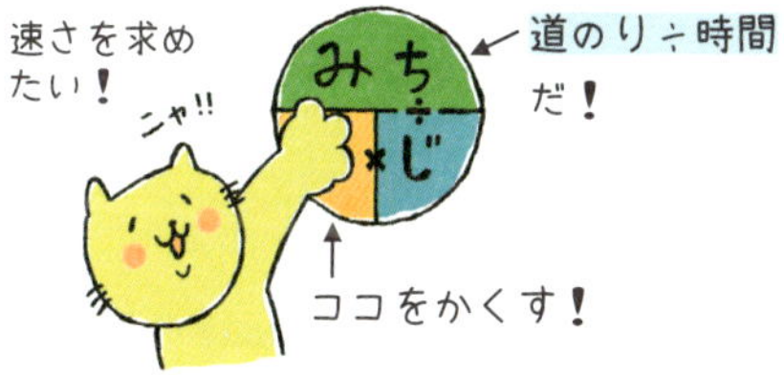
速さを求めたい!
ニャ!!
みち
÷
×
じ
道のり÷時間だ!
ココをかくす!

秒速《びょうそく》→分速《ふんそく》→時速《じそく》は60倍。

×60
×60
秒速
分速
時速
÷60
÷60

例　分速1.4kmで走る電車の時速

↓ 時速は分速の60倍

1.4 × 60 = 84 (km)

時速84km

秒速・分速・時速の関係は×と÷をまちがえやすいので注意!

算数

★今夜のおさらい

速さは，単位時間に進む道のりで表します。

1時間に進む道のりで表した速さを時速《じそく》といいます。

例　4時間で140kmを走るバスの時速

➡ 140 ÷ 4 = 35 (km)

（140：道のり　4：時間　35：速さ）

時速35km

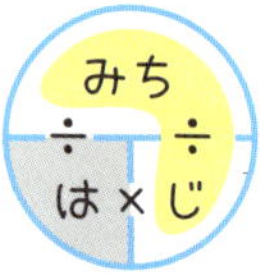

時速40kmで走るトラックが3時間に進む道のり

➡ 40 × 3 = 120 (km)

（40：速さ　3：時間　120：道のり）

120km

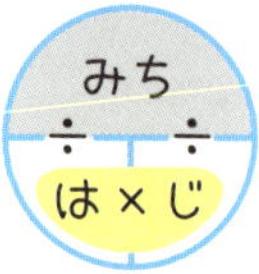

時速3kmで15km歩くのにかかる時間

➡ 15 ÷ 3 = 5 (時間)

（15：道のり　3：速さ　5：時間）

5時間

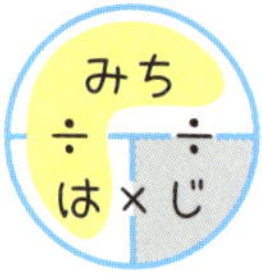

秒速《びょうそく》 ⇄（×60 / ÷60）分速《ふんそく》 ⇄（×60 / ÷60）時速の関係になっています。

例　時速72kmで飛ぶはとの分速

➡ 72 ÷ 60 = 1.2 (km)

分速1.2km

寝る前にもう一度

- 速さの公式みち（道）のはじ。
- 秒速→分速→時速は60倍。

★今夜おぼえること

角柱，円柱の体積

＝底面積《ていめんせき》×高さ

例1

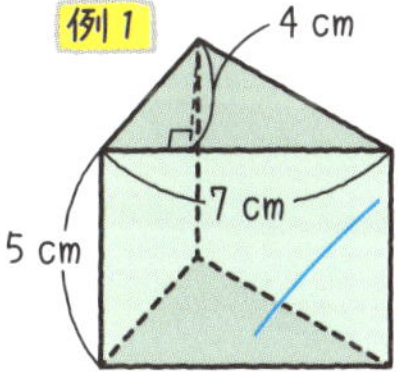

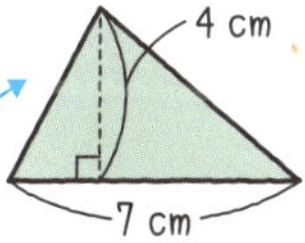

底面の形は三角形

底面積は，7 × 4 ÷ 2 = 14 (cm^2)
（7：底辺　4：高さ）

この三角柱の体積は，14 × 5 = 70 (cm^3)
（14：底面積　5：高さ）

例2

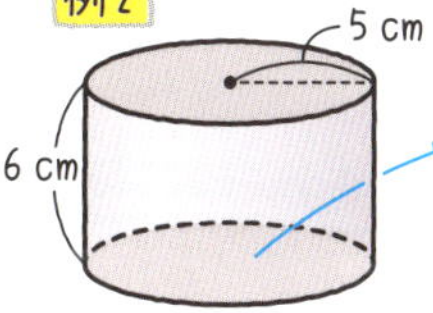

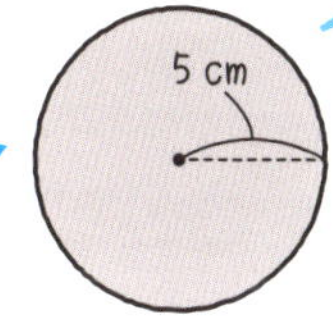

底面の形は円

底面積は，
5 × 5 × 3.14
（5：半径　5：半径　3.14：円周率）
= 78.5 (cm^2)

この円柱の体積は，78.5 × 6 = 471 (cm^3)
（78.5：底面積　6：高さ）

ケーキだ〜い好き！

おいしそ〜う！

★今夜のおさらい

✪角柱や円柱の底面の面積を底《てい》面《めん》積《せき》といいます。

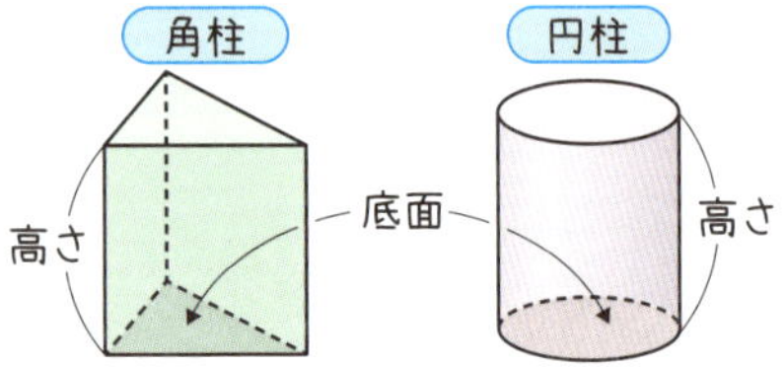

角柱，円柱の体積は，底面積×高さで求められます。

例　右の四角柱の底面は台形だから，底面積は，

(6 + 8) × 5 ÷ 2 = 35 (cm²)

上底　下底　高さ

体積は，35 × 7 = 245 (cm³)

底面積　高さ

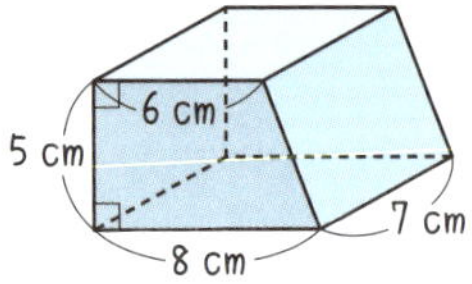

中学入試　右の㋐のような立体を角すい，㋑のような立体を円すいといいます。また，底面が三角形，四角形，…の角すいを三角すい，四角すい，…といいます。

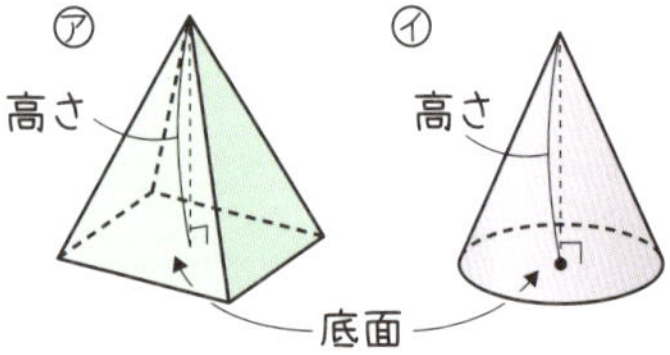

角すいや円すいの体積は，次の公式で求められます。

角すい，円すいの体積＝底面積×高さ×$\frac{1}{3}$

寝る前にもう一度

✪角柱，円柱の体積＝底面積×高さ

10. 比例と反比例

□　月　日
□　月　日

★ 今夜おぼえること

比例《ひれい》の式 ▶ y《ワイ》＝決まった数×x《エックス》

反比例《はんぴれい》の式 ▶ y＝決まった数÷x

例1　右の平行四辺形で，yはxに比例します。これを式に表すと，

$y = 2 \times x$
面積　底辺　高さ

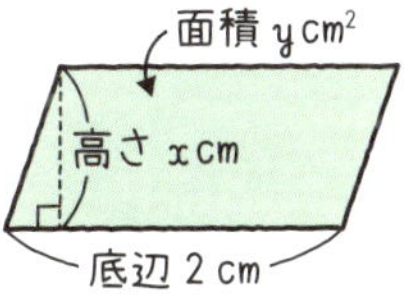

面積 ycm²
高さ xcm
底辺 2 cm

例2　右の長方形で，yはxに反比例します。これを式に表すと，

$15 = x \times y \longrightarrow y = 15 \div x$
面積　縦　横

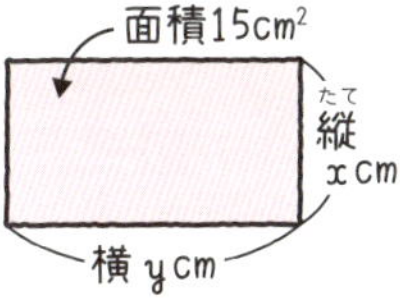

面積15cm²
縦《たて》 xcm
横 ycm

比例のグラフ ▶ 0の点を通る直線。

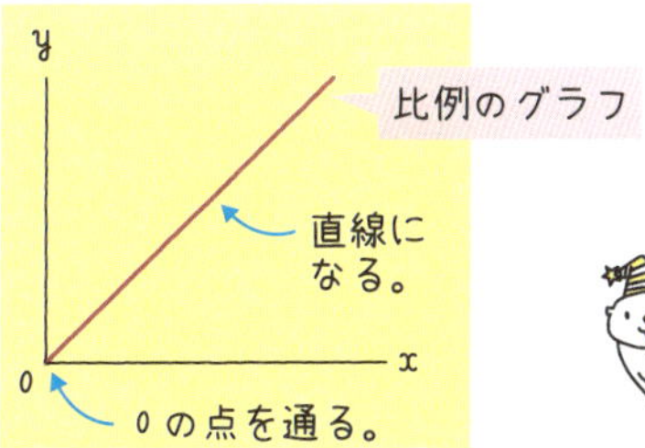

y
x
0
比例のグラフ
直線になる。
0の点を通る。

反比例のグラフはこ〜んな感じ！

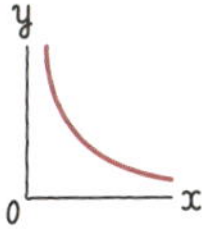

y
x
0

★今夜のおさらい

y《ワイ》がx《エックス》に**比例《ひれい》**するとき，

$y \div x$＝決まった数

→ y＝決まった数×x

の式が成り立ちます。

yがxに**反比例《はんぴれい》**するとき，

$x \times y$＝決まった数

→ y＝決まった数÷x

の式が成り立ちます。

yがxに比例するときは，xが■倍になると，yも■倍になるよ。

yがxに反比例するときは，xが■倍になると，yは$\frac{1}{■}$倍になるよ。

比例のグラフは，

① 0 の点を通ります。

② 直線 になります。

前のページの 例1 のy＝2×xをグラフに表すと，右のようになるよ。

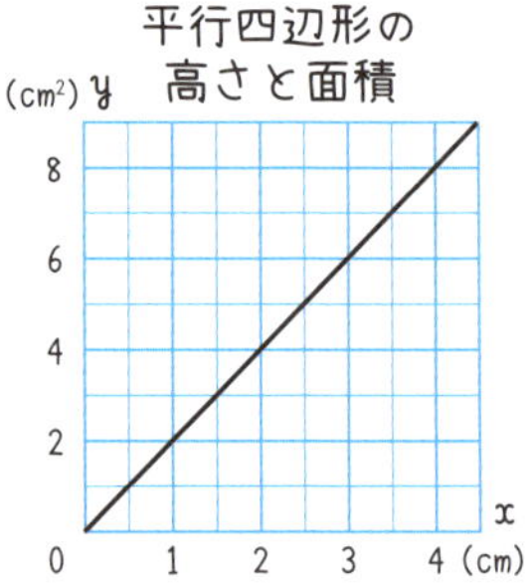

寝る前にもう一度

- 比例の式▶ y＝決まった数×x
  反比例の式▶ y＝決まった数÷x
- 比例のグラフ▶ 0の点を通る直線。

★今夜おぼえること

ちらばりの調べ方 ▶ 表なら度数分布表《どすうぶんぷひょう》，グラフなら柱状《ちゅうじょう》グラフ。

これが度数分布表

5kgずつ5つの区間に分けているね。

体重の記録

体重（kg） 以上　未満	人数（人）
25 ～ 30	2
30 ～ 35	5
35 ～ 40	8
40 ～ 45	3
45 ～ 50	1
合計	19

これが柱状グラフ

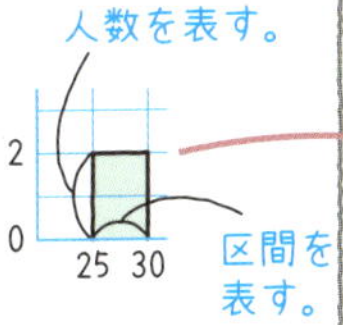

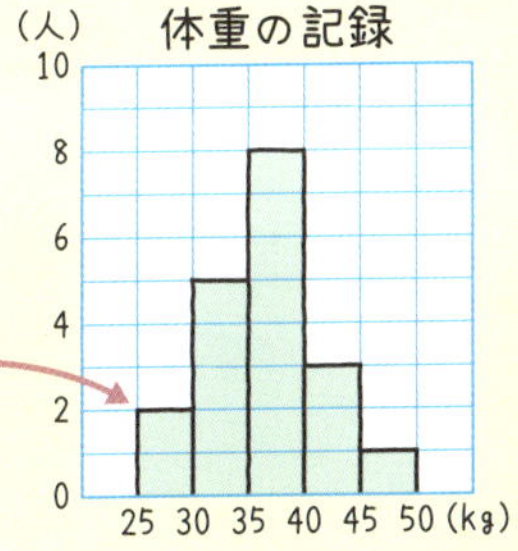

ちらばりのようすが一目でわかるね。

★今夜のおさらい

資料の特ちょうを表すのに，平均やちらばりのようすがよく使われます。

ちらばりのようすがよくわかるように，いくつかの区間に区切って整理した右のような表を**度《ど》数《すう》分《ぶん》布《ぷ》表《ひょう》**といいます。

50m 走の記録

時間（秒）	人数（人）
以上　未満	
7 ～ 8	1
8 ～ 9	4
9 ～ 10	7
10 ～ 11	5
11 ～ 12	3
合計	20

以上はその数が入り，未満は入らないから，記録が8秒の人は，8秒以上9秒未満の区間に入るね。

上の表を右のように表したグラフを**柱状《ちゅうじょう》グラフ**といいます。

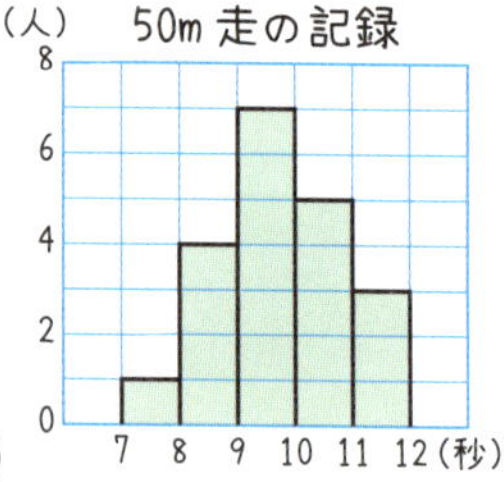

例　9秒未満の人の割合《わりあい》が全体の何%かを求めると，

$(1 + 4) \div 20 \times 100 = 25$（%）

比べられる量（4）　もとにする量（20）

寝る前にもう一度

ちらばりの調べ方▶表なら度数分布表，グラフなら柱状グラフ。

□ 月 日
□ 月 日

★今夜おぼえること

並《なら》べ方は，まず1番めを決めて枝分かれの図で。

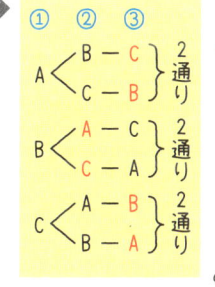

例

3人の並び方は何通り？

A《エー》 B《ビー》 C《シー》

①　②　③

A ＜ B — C / C — B } 2通り

B ＜ A — C / C — A } 2通り

C ＜ A — B / B — A } 2通り

1番めから順に枝分かれの図で決めていくと，

全部で6通り！

このような図を樹形図《じゅけいず》というよ。

2つ選ぶ組み合わせは，組み合わせの表に○をかいて。

例

赤　青

黄　緑

左の色紙から2枚《まい》選ぶ組み合わせは？

右の表の○の数になるから，全部で6通り！

	赤	青	黄	緑
赤	＼	○	○	○
青		＼	○	○
黄			＼	○
緑				＼

算数

★今夜のおさらい

並《なら》べ方は，**1番めを決めて**，2番め，3番め，…の順に図（**樹形図《じゅけいず》**）を使って調べていきます。

例　1，3，5，7の4枚《まい》の数字カードから3枚選んで並べ，3けたの整数をつくります。

百の位を1と決めたときは，右の図のように6通り。百の位が3，5，7のときも6通りずつできるので，全部で，

6＋6＋6＋6＝6×4＝24（通り）

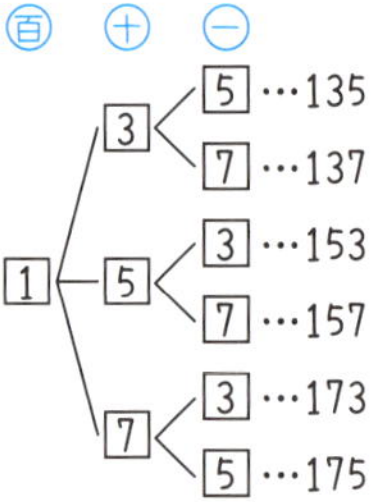

百
十
一
1
3
5
7
5 …135
7 …137
3 …153
7 …157
3 …173
5 …175

組み合わせの数を調べるときは，表や図を使って，**同じ組み合わせがないように**注意します。

例　A《エー》，B《ビー》，C《シー》，D《ディー》の4チームで野球の試合をします。どのチームとも1回ずつ試合するときの組み合わせの数は，

＼	A	B	C	D
A	＼	○	○	○
B		＼	○	○
C			＼	○
D				＼

←左の表の○の数から，6通り。

右の四角形の2点→をつなぐ線の数からも，6通り。

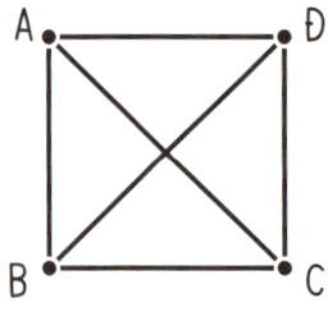

A
D
B
C

寝る前にもう一度

- 並べ方は，まず1番めを決めて枝分かれの図で。
- 2つ選ぶ組み合わせは，組み合わせの表に○をかいて。

★今夜おぼえること

酸素がなけりゃ、ろうそく燃えず。燃えたあとには**二酸化炭素**。

空気の中身、酸素が1で、ちっ素が4。

★今夜のおさらい

★ものが燃えるときには，空気中の**酸素**が使われて，**二酸化炭素**などができます。

☽空気は，**ちっ素**（約$\frac{4}{5}$），**酸素**（約$\frac{1}{5}$），二酸化炭素，アルゴンなどが混じり合ってできています。

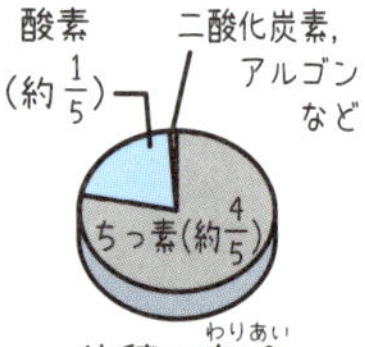
酸素
（約$\frac{1}{5}$）
二酸化炭素，
アルゴン
など
ちっ素（約$\frac{4}{5}$）
体積の割合《わりあい》

ものが燃え続けるためには，**火のまわりの空気が入れかわる**ことが必要です。

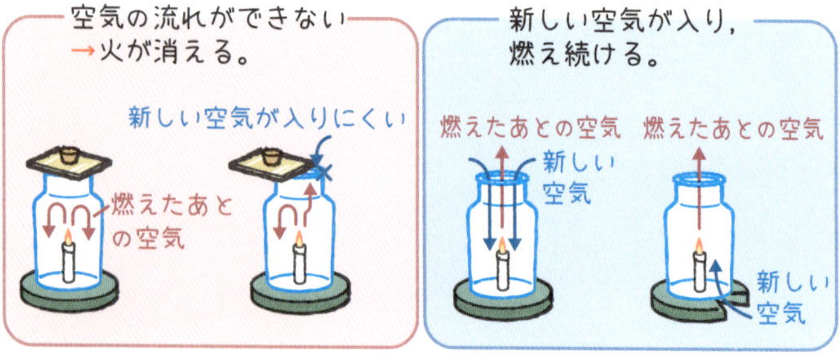
空気の流れができない
→火が消える。
新しい空気が入りにくい
燃えたあとの空気
新しい空気が入り，
燃え続ける。
燃えたあとの空気
新しい空気
燃えたあとの空気
新しい空気

寝る前にもう一度

★酸素がなけりゃ，ろうそく燃えず。燃えたあとには二酸化炭素。

☽空気の中身，酸素が１で，ちっ素が４。

★今夜おぼえること

⭐だ液ででんぷん変化する。

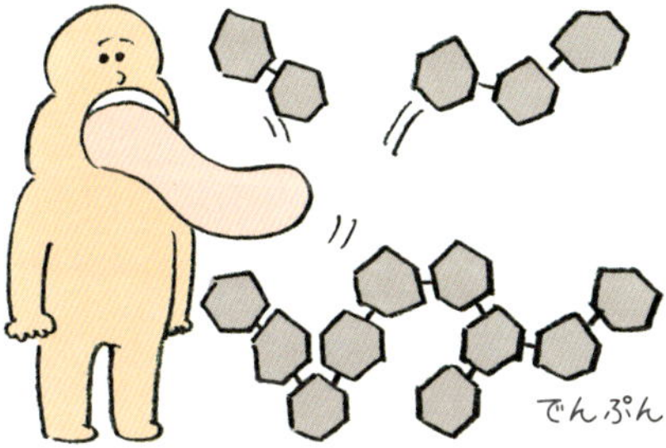

でんぷんは、だ液によって、別のものに変化します。

🌙呼《こ》吸《きゅう》は、酸素をとり入れ、二酸化炭素を出す。

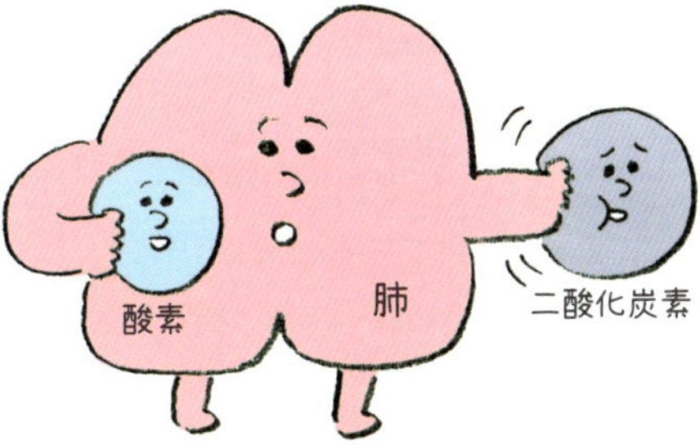

人やウサギは肺《はい》で空気中の酸素をとり入れ、二酸化炭素を空気中に出します。

★今夜のおさらい

食べ物を，体に吸《きゅう》収《しゅう》されやすいものに変化させるはたらきを，消《しょう》化《か》といいます。

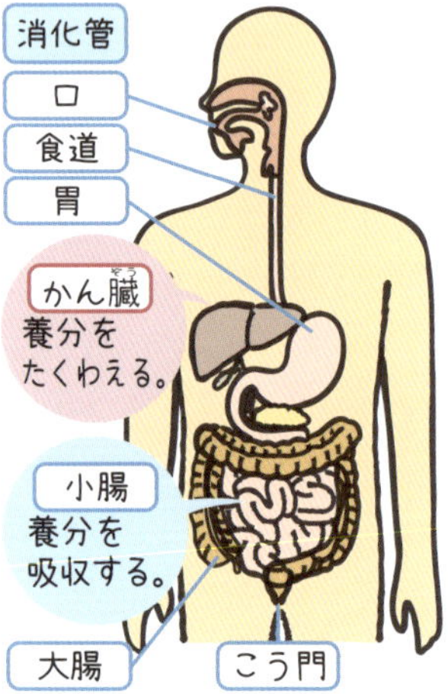

消化管
口
食道
胃
かん臓《ぞう》
養分をたくわえる。
小腸
養分を吸収する。
大腸
こう門

口→食道→胃→小腸→大腸→こう門と続く食べ物の通り道を消《しょう》化《か》管《かん》といいます。

人や動物は，空気中の酸素をとり入れ，二酸化炭素を出しています。これを呼《こ》吸《きゅう》といいます。

呼吸は，人やウサギなどは肺で行い，魚はえらで行います。

寝る前にもう一度

- だ液ででんぷん変化する。
- 呼吸は，酸素をとり入れ，二酸化炭素を出す。

3. 心臓と血液のはたらき

□　月　日
□　月　日

★今夜おぼえること

血液は、心臓《しんぞう》から送り出され、全身をめぐり、心臓にもどる。

いって
らっしゃい
また
くるね
心臓
血液

血液は、行きは酸素を運び、帰りは二酸化炭素を運ぶ。

二酸化炭素
不要なもの
酸素

★今夜のおさらい

血液は，心臓《しんぞう》→全身→心臓→肺《はい》→心臓と流れます。

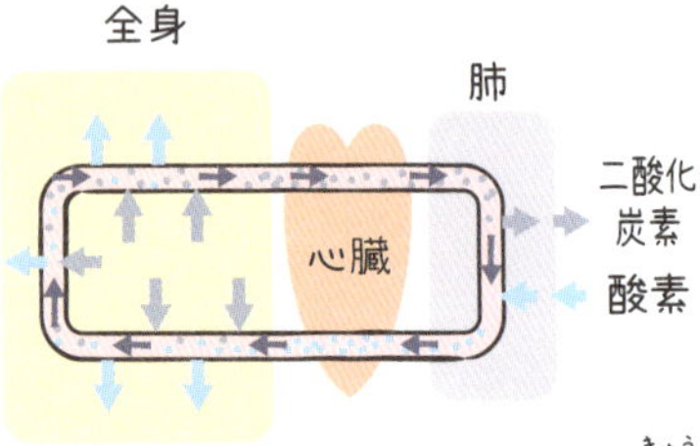
全身
肺
二酸化炭素
酸素
心臓

血液は，肺でとり入れた酸素や，小腸で吸《きゅう》収《しゅう》した養分を，体の各部分に運びます。また，体の各部分から，二酸化炭素や不要なものを受けとって運びます。

二酸化炭素は肺で空気中に出され，不要なものはじん臓でこしとられるよ。

いろいろな臓器《ぞうき》は，体内をめぐる血液を通してつながっています。

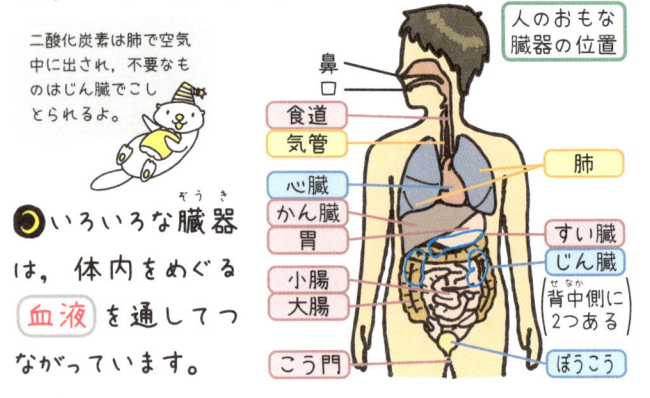

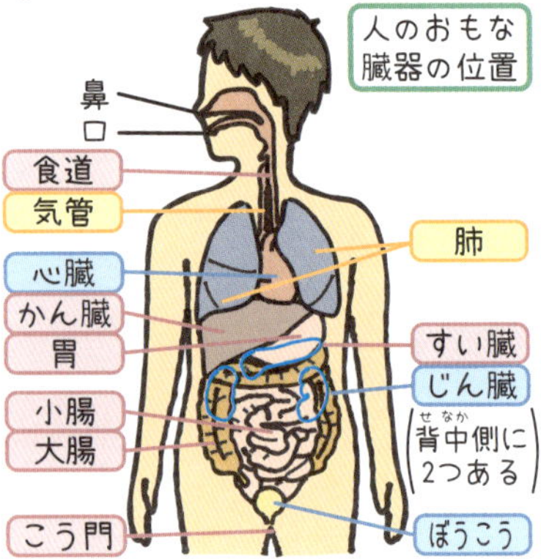
人のおもな臓器の位置
鼻
口
食道
気管
肺
心臓
かん臓
胃
すい臓
じん臓
背中《せなか》側に2つある
小腸
大腸
ぼうこう
こう門

寝る前にもう一度

- 血液は，心臓から送り出され，全身をめぐり，心臓にもどる。
- 血液は，行きは酸素を運び，帰りは二酸化炭素を運ぶ。

★今夜おぼえること

葉に日光が当たると，でんぷんがつくられる。

植物の葉が日光を受けてでんぷんをつくるはたらきを，光合《こうごう》成《せい》といいます。

ヨウ素液×でんぷん＝青むらさき

ヨウ素液は，でんぷんがあると青むらさき色を示します。

★今夜のおさらい

葉に日光が当たると、でんぷんがつくられます。

葉のでんぷんを調べるときは、熱い湯につけたあと、あたためたアルコール（エタノール）に入れて葉の緑色をとかし出します。それを湯で洗《あら》ってからヨウ素液につけます。

葉でつくられたでんぷんは、次の日の朝にはほとんどなくなっています。

でんぷんは夜のうちに水にとけやすい別のものに変わり，使われてなくなったり，別のところに移動したりしているよ。

寝る前にもう一度

- 葉に日光が当たると，でんぷんがつくられる。
- ヨウ素液×でんぷん＝青むらさき

★今夜おぼえること

水は，根からとり入れ，葉から出す。

根からとり入れられた水は，水の通り道を通って運ばれ，葉から体の外に出されます。

ゴロ合わせ 水上スキーの話を聞こう，派《は》手《で》なおじょうさん。

（水蒸気）（気こう）

（葉で）（蒸散）

葉に運ばれた水は，水蒸《すいじょう》気《き》となって，気こうという小さなあなから出て行きます。

★今夜のおさらい

植物の体には，根・くき・葉とつながった，水の通り道があります。

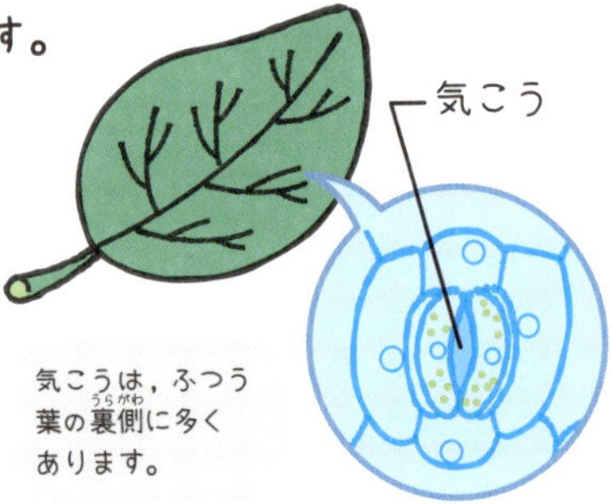

気こうは，ふつう葉の裏側《うらがわ》に多くあります。

根からとり入れられた水は，水の通り道を通って，体のすみずみまで運ばれます。

葉に運ばれた水は葉の表面にある小さなあな（気こう）から水《すい》蒸《じょう》気《き》となって体の外に出されます。これを蒸散《じょうさん》といいます。

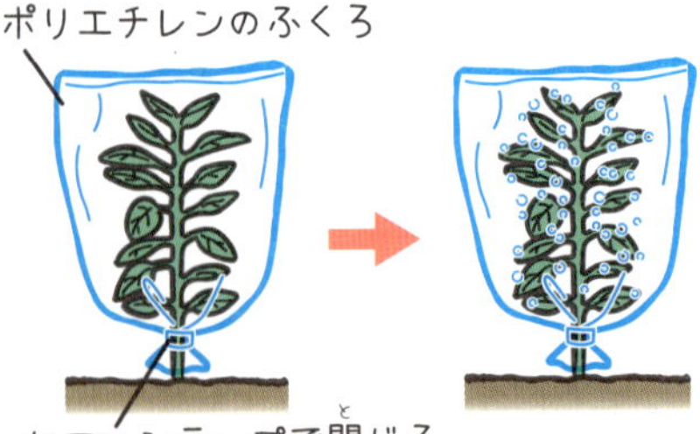

葉のついた植物にポリエチレンのふくろをかぶせておくと，葉から出た水蒸気で，ふくろの内側に水てきがつきます。

寝る前にもう一度

- 水は，根からとり入れ，葉から出す。
- 水上スキーの話を聞こう，派《は》手《で》なおじょうさん。

6. 食べ物を通した生物どうしのつながり　□ 月 日　□ 月 日

★今夜おぼえること

食べ物のもとをたどると、植物にたどりつく。

生物は、「食べる・食べられる」の関係でつながっている。これを「食物連《しょくもつれん》さ」という。

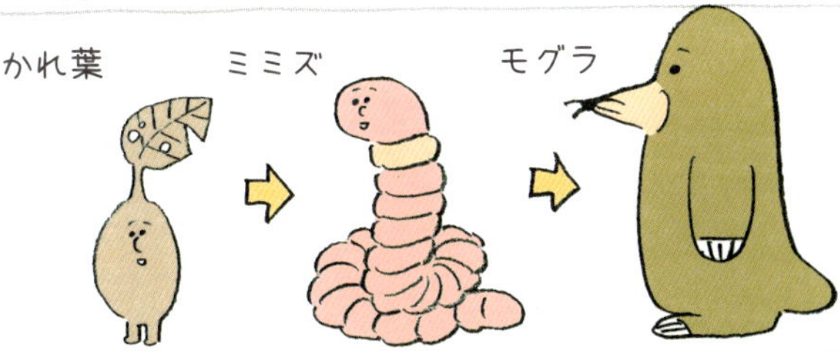

★今夜のおさらい

動物は，植物や，ほかの動物を食べて生きています。動物の食べ物のもとをたどると，植物にたどりつきます。

生物は，「食べる・食べられる」という関係でつながっています。

食物連《しょくもつれん》さは，陸上・水中・土の中など，あらゆる場所で見られるよ。

草食動物《そうしょくどうぶつ》…草や木の葉など，植物だけを食べる動物。かれた植物を食べる動物もいます。

肉食動物《にくしょくどうぶつ》…ほかの動物を食べる動物。

寝る前にもう一度

- 食べ物のもとをたどると，植物にたどりつく。
- 生物は，「食べる・食べられる」の関係でつながっている。
  これを「食物連さ」という。

★今夜おぼえること

★植物は，日光 当たると でんぷん つくる。

このはたらきを光合成《こうごうせい》というよ。

☾植物だって，昼も夜も呼吸《こきゅう》する。生き物だもの。

植物は，日光が当たっているときも，当たっていないときも，呼吸をしています。呼吸では，人や動物と同じように，酸素をとり入れ，二酸化炭素を出します。

★今夜のおさらい

中学入試 植物は，水と二酸化炭素を原料にして，日光のエネルギーを利用して（でんぷん）をつくります。このとき**酸素を出しています**。これを（光合成《こうごうせい》）といいます。

動物と同じく**植物も**（呼吸《こきゅう》）**を行っています。**

日光が当たっているときは，でんぷんをつくるはたらきと，呼吸の両方を行っていますが，**でんぷんをつくるはたらきのほうが活発**です。

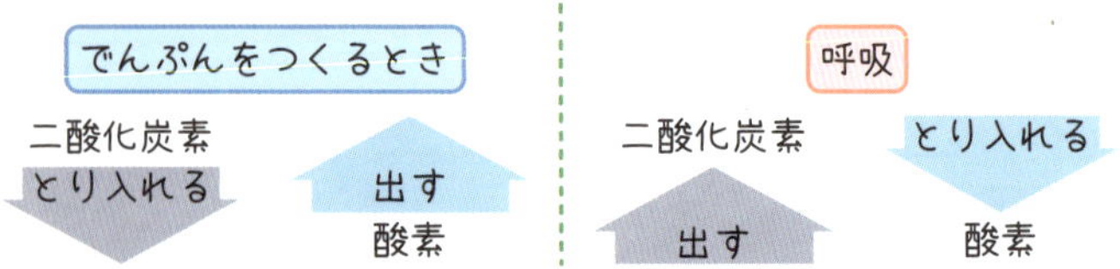

でんぷんをつくるとき
二酸化炭素
とり入れる
出す
酸素
呼吸
二酸化炭素
とり入れる
出す
酸素

生物は，（空気）を通してかかわり合っています。

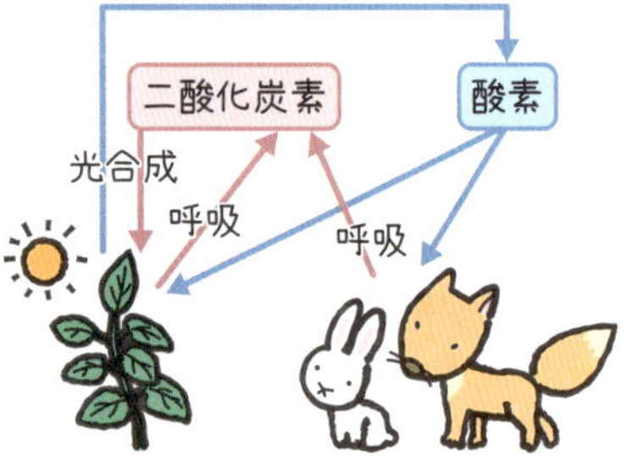

二酸化炭素
酸素
光合成
呼吸
呼吸

寝る前にもう一度

- 植物は，日光当たるとでんぷんつくる。
- 植物だって，昼も夜も呼吸する。生き物だもの。

8. 月の形の見え方

□ 月　日
□ 月　日

★今夜おぼえること

月は，太陽の光を反射《はんしゃ》して，光って見える。

ゴロ合わせ「参上！」「まかした！」
（三日月→上げんの月→満月→下げんの月→新月）

月の形は，「新月《しんげつ》→三日月《みかづき》→半月《はんげつ》（上げんの月）→満月《まんげつ》→半月（下げんの月）→新月」と，約１か月かけて毎日少しずつ変わって見えます。

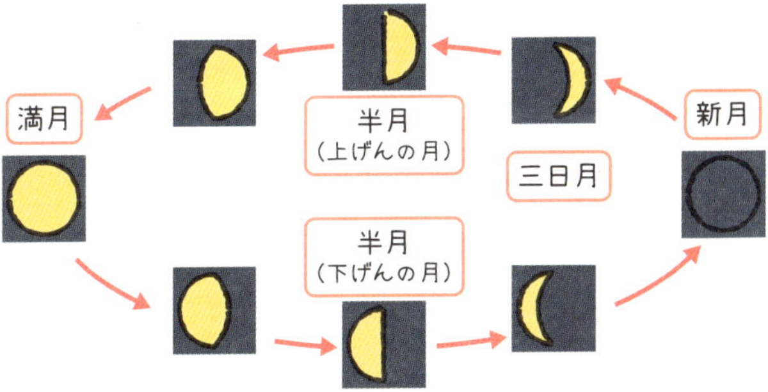

理科

★今夜のおさらい

月は，地球から見たとき，太陽の光が当たっている部分が，光って見えます。

月の形は，月と太陽と地球の位置関係が変わることで，毎日変わって見えます。

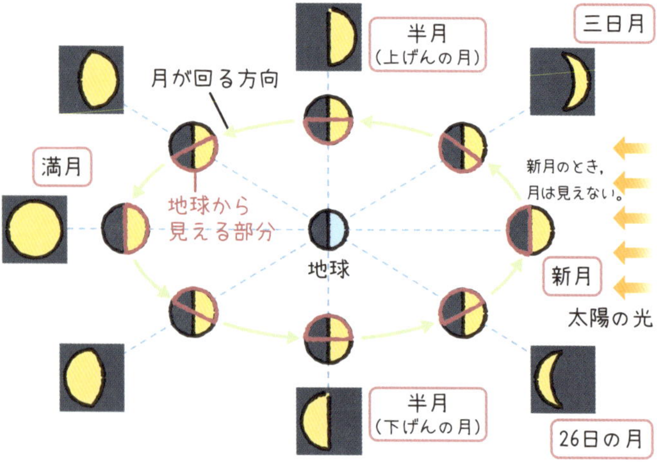
半月
（上げんの月）
三日月
月が回る方向
満月
新月のとき，
月は見えない。
地球から
見える部分
地球
新月
太陽の光
半月
（下げんの月）
26日の月

寝る前にもう一度

- 月は，太陽の光を反射《はんしゃ》して，光って見える。
- 「参上！」「まかした！」

9. 月と太陽の表面のようす

□ 月 日
□ 月 日

★今夜おぼえること

月の表面は，岩や砂《すな》ばかり。

月の表面は，かたい岩石や砂《すな》などでおおわれています。

月

太陽は，自分で光っている。

太陽は，みずから強い光を出しています。黒点《こくてん》とよばれるしみのようなものも見られます。

黒点

太陽

★今夜のおさらい

月の表面は，かたい岩石や砂《すな》などでおおわれ，クレーターという円形のくぼみがたくさんあります。

▲地球から見える側の月

提供：NASA/JPL/USGS

▲月の表面のクレーター（写真は月の裏側《うらがわ》にあるクレーター）

提供：NASA

太陽は，みずから強い光を出して，かがやいています。表面ははげしく動いていて，黒点《こくてん》とよばれるもの（温度が低い部分）も見られます。

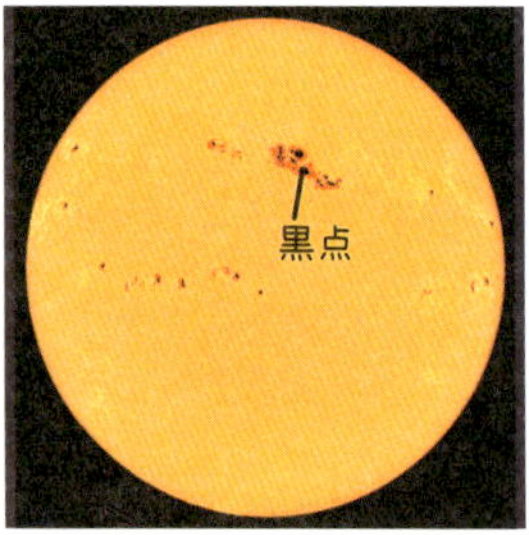

▲特しゅなカメラで見た太陽

提供：SOHO（ESA＆NASA）

寝る前にもう一度

- 月の表面は，岩や砂《すな》ばかり。
- 太陽は，自分で光っている。

★今夜おぼえること

化石は，大昔の生物の体や足あと，すみかなどが残ったもの。

アンモナイト
化石

ゴロ合わせ 火山 カクカク。

（火山のはたらき）（角ばっている）

水流 マルマル。

（水のはたらき）（丸みをおびている）

火山のはたらきでできた地層《ちそう》は，つぶが角ばっています。水のはたらきでできた地層は，つぶが丸みをおびています。

カク
カク
マル
マル
火山
水

★今夜のおさらい

大昔の生物の体や足あと，すみかなどが地層《ちそう》の中に残ったものを化石といいます。

▲ブナの葉の化石

地層は，れきや砂《すな》，どろなどが層になって重なったもので，横にもおくにも広がっています。地面の下にも地層は重なっています。

地層には，水のはたらきでできたものと，火山のはたらきでできたものとがあります。

火山のはたらきでできた地層のつぶ	・角ばっている。 ・小さなあながあるものも見られる。
水のはたらきでできた地層のつぶ	・角がとれている。 ・丸みをおびているものが多い。

寝る前にもう一度

- 化石は，大昔の生物の体や足あと，すみかなどが残ったもの。
- 火山カクカク。水流マルマル。

11. 火山のふん火による土地の変化

□ 月 日
□ 月 日

★今夜おぼえること

火山のふん火！　ふき出すよう岩，火山灰《かざんばい》！

　火山がふん火するとよう岩や火山《かざん》灰《ばい》がふき出すことがあります。

火山は，温泉《おんせん》や地熱《ちねつ》発電などのめぐみをもたらしてくれるよ。

火山のふん火で，土地のようすが変化する。

　火山のふん火によって，新しい山や湖，島ができるなど，土地のようすが変化することがあります。

★今夜のおさらい

火山がふん火して**よう岩**や**火山灰《かざんばい》**がふき出すと，さまざまなひ害が発生することがあります。

- よう岩…命を落としたり，住むところを失ったりする。
- 火山灰…農地に積もり，作物が収《しゅう》かくできなくなる。

火山の**ふん火**によって，**新しい山や湖，島などができる**ことがあります。火山活動が続くと，**土地**のようすが変化します。

▲中禅《ちゅうぜん》寺《じ》湖《こ》
流れ出たよう岩によって，川がせき止められてできた湖。

寝る前にもう一度

- 火山のふん火！　ふき出すよう岩，火山灰！
- 火山のふん火で，土地のようすが変化する。

★今夜おぼえること

てこの3点は、支点《してん》・力点《りきてん》・作用点《さようてん》

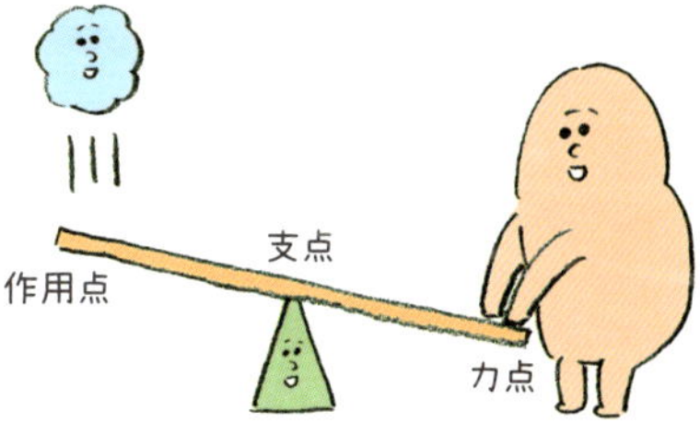

リズムよくとなえて覚えよう！

ゴロ合わせ 力士《りきし》が長いと、軽く動かせる。

（力点と支点の間のきょり）

支点と作用点の間のきょりが一定ならば、力点と支点の間のきょりが長いほど、小さな力でものを動かすことができます。

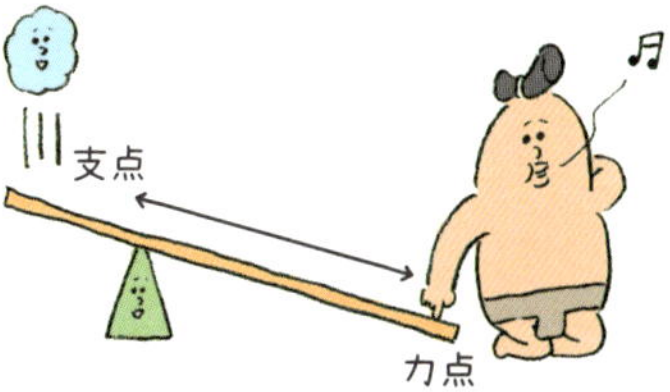

理科

★今夜のおさらい

ある1点で支えた棒《ぼう》の一部に力を加え，ものを動かすしくみを，てこといいます。てこには，支点《してん》・力点《りきてん》・作用点《さようてん》の3つの点があります。

- 支点…棒を支えるところ。
- 力点…棒に力を加えるところ。
- 作用点…ものに力がはたらくところ。

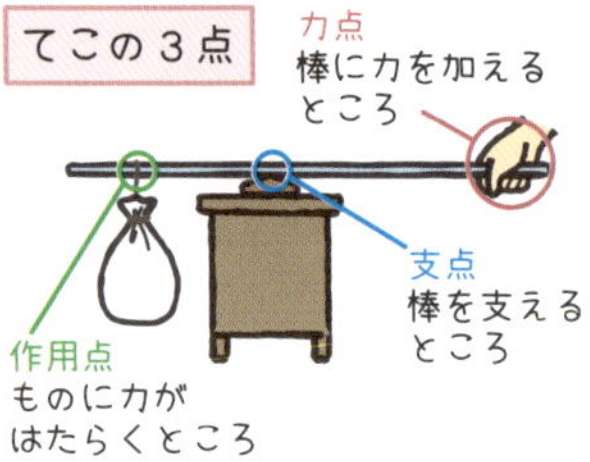

支点と，力点・作用点の間のきょりが変わると，ものを動かすために必要な力の大きさが変わります。

- 支点と力点の間のきょりが長いほど，小さな力でものを動かすことができます。（支点と作用点の間のきょりが一定のとき）
- 支点と作用点の間のきょりが短いほど，小さな力でものを動かすことができます。（支点と力点の間のきょりが一定のとき）

寝る前にもう一度

てこの3点は，支点・力点・作用点

力士《りきし》が長いと，軽く動かせる。

13. てこを利用した道具

□　月　日
□　月　日

★今夜おぼえること

はさみ，くぎぬき，せんぬき，トング。ピンセット，カッター，空きかんつぶし。てこのはたらき，ありがとう。

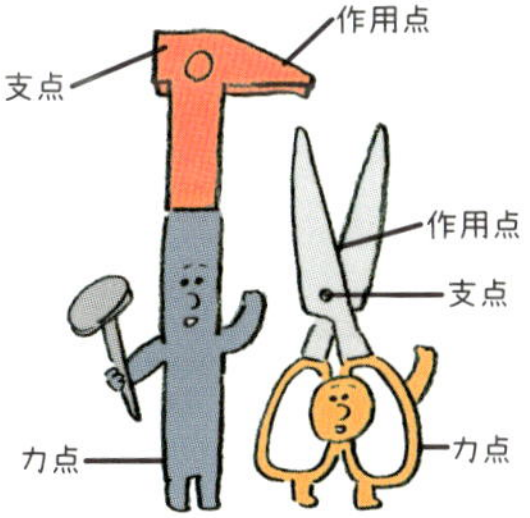

道具によって，支点《してん》・力点《りきてん》・作用点《さようてん》の位置がちがう。

- 作用点－支点－力点のてこ
  …洋ばさみ，ペンチ，くぎぬきなど。
- 支点－作用点－力点のてこ
  …カッター，せんぬき，空きかんつぶし器など。
- 支点－力点－作用点のてこ
  …ピンセット，和ばさみ，パンばさみ（トング）など。

★今夜のおさらい

🌟てこのしくみを使った道具は，昔から生活を便利にしてきました。

🌙てこを利用した，いろいろな道具

●小さな力を大きな力にして作業ができる道具

作用点-支点-力点 のてこ

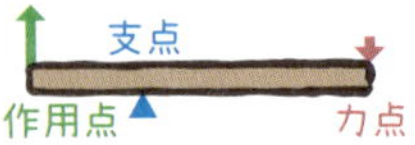

洋ばさみ

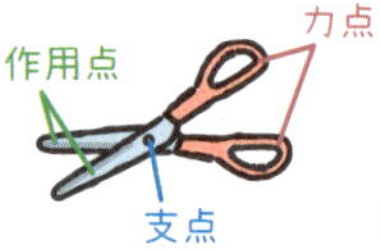

くぎぬき
（バール）

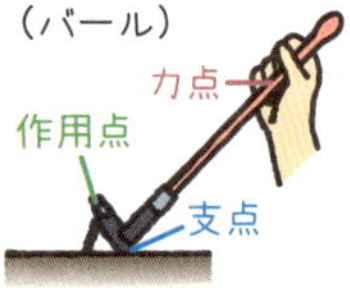

支点-作用点-力点 のてこ

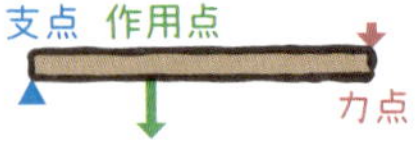

カッター

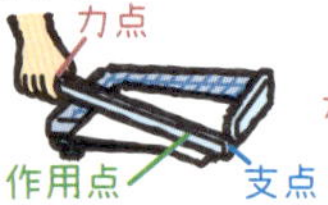

空きかんつぶし器

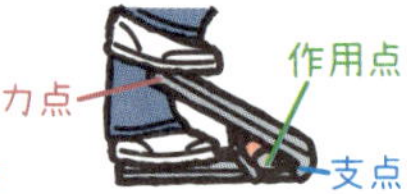

●大きな力を小さくして，やわらかいものをはさんだり，細かい作業をするときに便利な道具

支点-力点-作用点 のてこ

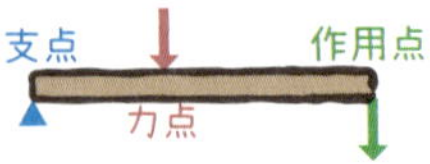

ピンセット

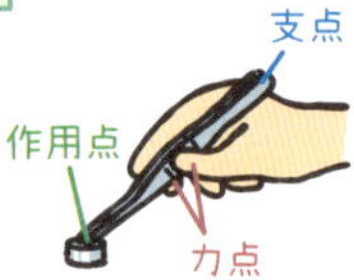

パンばさみ
（トング）

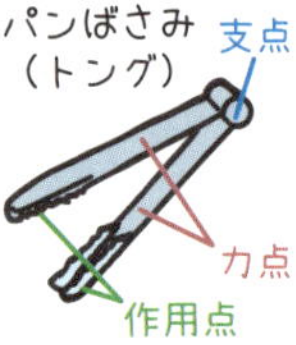

寝る前にもう一度

🌟はさみ，くぎぬき，せんぬき，トング。ピンセット，カッター，空きかんつぶし。てこのはたらき，ありがとう。

🌙道具によって，支点《してん》・力点《りきてん》・作用点《さようてん》の位置がちがう。

★今夜おぼえること

力の大きさは，おもりの重さで表される。

てこに加える力の大きさは，てこにつるすおもりの重さで表すことができます。

「力×きょり」が同じで，左右がつり合う。

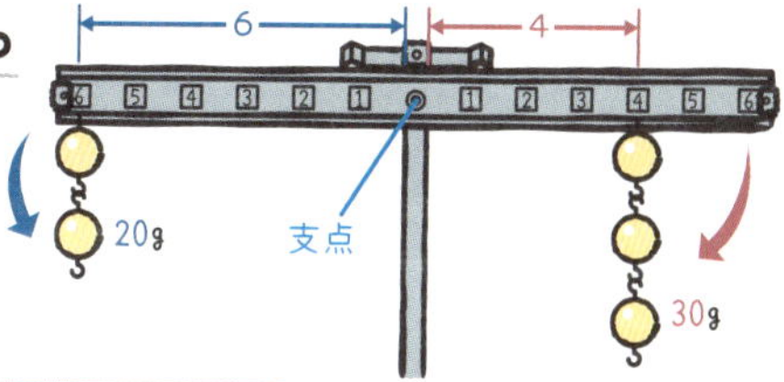

支点《してん》の左右で，「力の大きさ」×「支点からのきょり」が等しいと，てこはつり合います。

左のうでを下にかたむける（てこを左に回す）はたらきは，
20×6＝120

等しい

右のうでを下にかたむける（てこを右に回す）はたらきは，
30×4＝120

★今夜のおさらい

てこに加える力の大きさは，おもりの重さで表すことができます。

てこをかたむけるはたらきは，次のように表すことができます。

力の大きさ（おもりの重さ） × **支点からのきょり**

右のてこをつり合わせます。

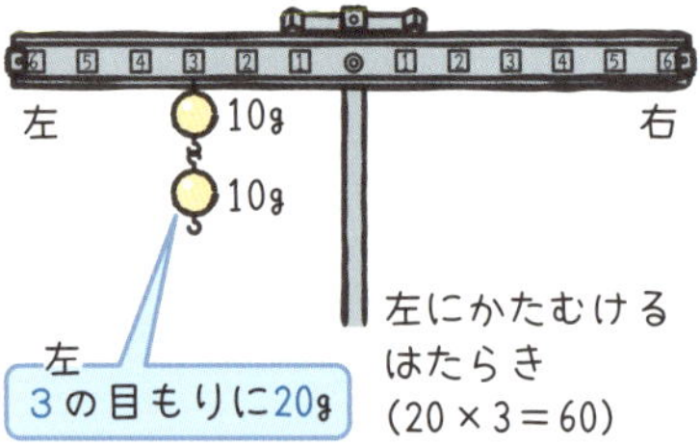

6 5 4 3 2 1 1 2 3 4 5 6
左
右
10g
10g
左
3の目もりに20g
左にかたむけるはたらき
(20×3＝60)

①右のうでの2の目もりに，何gのおもりをつるせばよいですか。

答え 30g

（□×2＝60　□＝30）

②右のうでに10gのおもりをつるすとき，どの目もりにつるせばよいですか。

答え 6の目もり

（10×□＝60　□＝6）

寝る前にもう一度

- 力の大きさは，おもりの重さで表される。
- 「力×きょり」が同じで，左右がつり合う。

15. 酸性やアルカリ性の水よう液

★ 今夜おぼえること

水よう液，酸性・中性・アルカリ性。

水よう液の性質は，リトマス紙を使って調べることができます。

リトマス紙，

酸性では赤くなり，

アルカリ性では青くなる。

酸性	中性	アルカリ性
青色リトマス紙⇒赤色	青色リトマス紙⇒変化なし	青色リトマス紙⇒変化なし
赤色リトマス紙⇒変化なし	赤色リトマス紙⇒変化なし	赤色リトマス紙⇒青色

★今夜のおさらい

酸性の水よう液…**塩酸，す，ホウ酸水よう液，炭酸水**など。

青色リトマス紙…赤色になる。
赤色リトマス紙…変化しない。

アルカリ性の水よう液…**水酸化ナトリウム水よう液，石灰水《せっかいすい》，アンモニア水**など。

青色リトマス紙…変化しない。
赤色リトマス紙…青色になる。

中性の水よう液…**食塩水，さとう水**など。

青色リトマス紙…変化しない。
赤色リトマス紙…変化しない。

寝る前にもう一度

- 水よう液，酸性・中性・アルカリ性。
- リトマス紙，酸性では赤くなり，アルカリ性では青くなる。

16. 金属をとかす水よう液

□ 月 日
□ 月 日

★ 今夜おぼえること

塩酸は，アルミ《（アルミニウム）》も鉄もとかしちゃう。

水よう液には，金属をとかすものがあります。とけたあとの金属は，別のものに変わります。

水酸化ナトリウム水よう液は，アルミはとかすが鉄はダメ！

水よう液によって，とかすことのできる金属はちがいます。

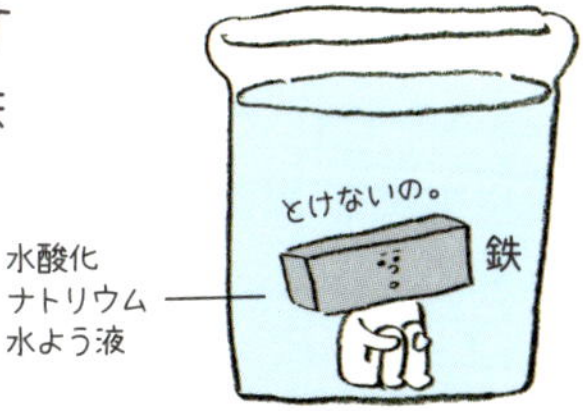

★今夜のおさらい

水よう液に金属を入れると，金属があわ（水素）を発生しながらとけることがあります。水よう液にとけた金属は，もとの金属とは別のものに変わっています。

水よう液に金属を入れたときのようすは，水よう液や金属の種類によってちがいます。

いろいろな水よう液に金属を入れたときのようす

	鉄	アルミニウム
塩酸	あわを出してとける。	あわを出してとける。
水酸化ナトリウム水よう液	とけない。	あわを出してとける。
食塩水	とけない。	とけない。

銅は塩酸にも水酸化ナトリウム水よう液にもとけないんだって。

寝る前にもう一度

- 塩酸は，アルミも鉄もとかしちゃう。
- 水酸化ナトリウム水よう液は，アルミはとかすが鉄はダメ！

★今夜おぼえること

炭酸水，シュワシュワ～の正体は二酸化炭素。

炭酸水は，二酸化炭素の水よう液です。

ゴロ合わせ 期待したジョー。何も
(気体がとけた水よう液)(蒸発)
残らず。

気体のとけた水よう液を蒸発《じょうはつ》させると，あとには何も残りません。

★今夜のおさらい

水よう液には，**気体がとけているもの**もあります。

気体がとけた水よう液

気体	水よう液
二酸化炭素	炭酸水
塩化水素	塩酸
アンモニア	アンモニア水

気体がとけた水よう液を蒸発《じょうはつ》させると，あとには**何も残りません**。

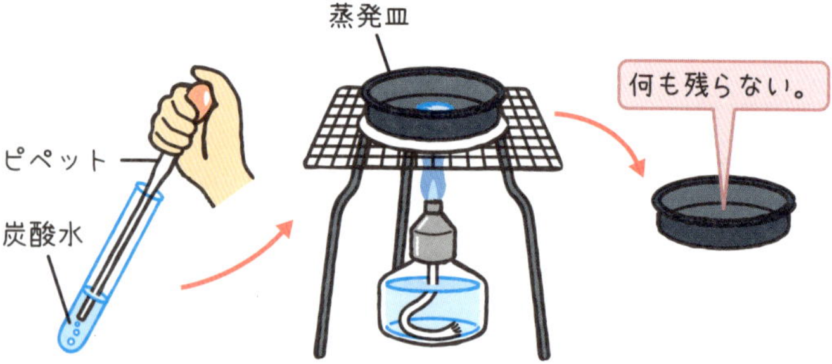

寝る前にもう一度

- 炭酸水，シュワシュワ〜の正体は二酸化炭素。
- 期待したジョー。何も残らず。

18. 電気をつくる・たくわえる

□　月　日
□　月　日

★今夜おぼえること

発電は電気をつくること。

手回し発電機を回して発電することができます。

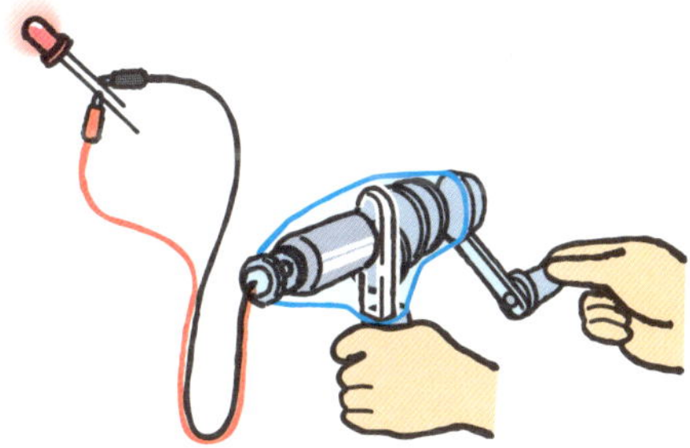

ゴロ合わせ　コンデンサーに，ためてんさー。

（電気をたくわえる）

電気は，コンデンサーにたくわえることができます。

★今夜のおさらい

電気をつくることを **発電** といいます。

手回し発電機による発電

- ハンドルを回す速さを変える…回路に流れる電流の **強さ（大きさ）** が変わる。
- ハンドルを回す向きを変える…回路に流れる電流の **向き** が変わる。

コンデンサーに電気を **たくわえる** ことができます。コンデンサーにたくわえた電気で，豆電球や発光ダイオードを光らせたり，電子オルゴールを鳴らせたりすることができます。

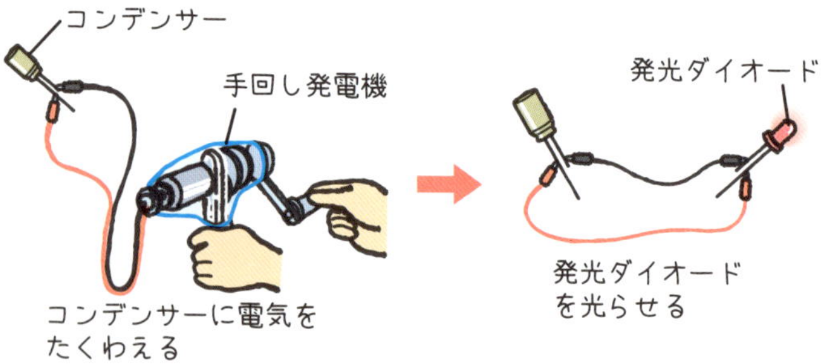

寝る前にもう一度

- 発電は電気をつくること。
- コンデンサーに，ためてんさー。

19. 電流による発熱

□　月　日
□　月　日

★今夜おぼえること

電熱線，電流を流すと，熱が出る。

電気は，熱のほかにも，光，音，ものの動きなどに変えられて，利用されています。

電熱線，太っているほど熱を出す。

同じ電池につないだとき，電熱線が太いほど発生する熱の量は多くなります。

理科

★今夜のおさらい

電流には熱を出すはたらきがあります。

電流のいろいろな利用

光に変えられるもの

カメラのストロボ　街灯

熱に変えられるもの

アイロン　ドライヤー

音に変えられるもの

防犯ブザー　スピーカー

ものを動かすもの

電気自動車　エスカレーター

電熱線に電流を流したときに発生する熱の量は，電熱線の［太さ］によって変わります。

同じ電池につないだとき，電熱線が太いほど，発生する熱の量が［多く］なります。

寝る前にもう一度

- 電熱線，電流を流すと，熱が出る。
- 電熱線，太っているほど熱を出す。

20. 人の生活と地球の環境

□　月　日
□　月　日

★今夜おぼえること

動物も植物も，水でできている！

動物も植物も，体の中で水がしめる割合《わりあい》が最も大きくなっています。

水や空気は，じゅんかんしながら生命を支えている。

水のじゅんかん

生物は水や空気でつながっています。水や空気をよごすと，生物全体にえいきょうします。

★今夜のおさらい

生物は，水がないと生きていくことができません。

中学入試 さまざまな環境《かんきょう》問題があります。世界の国々が協力して解決しなければなりません。

石油や石炭を燃焼させるといおう酸化物やちっ素酸化物が発生し，酸性雨や光化学スモッグの原因になります。

おもな環境問題

- オゾン層《そう》の破かい…フロンなどの気体が大気上空のオゾン層を破かいし，地表に届《とど》く有害な紫外線《しがいせん》が増える。
- 酸性雨…強い酸性の雨で森林の木がかれたり，湖に魚がすめなくなったりする。
- 地球温《お》暖《だん》化《か》…空気中の二酸化炭素が増え，地球の平均気温が上がってしまう。

寝る前にもう一度

- 動物も植物も，水でできている！
- 水や空気は，じゅんかんしながら生命を支えている。

★今夜おぼえること

縄文《じょうもん》時代、遺跡《いせき》は青森《あおもり》県の三内丸山《さんないまるやま》。豊かな恵《めぐ》みを願う土偶《どぐう》。

漁《りょう》
土偶
たて穴住居《あなじゅうきょ》
狩《か》り
縄文土器

米づくり広まる弥生《やよい》時代、収《しゅう》かく物は高床《たかゆか》(の)倉庫《そうこ》へ。

米づくり
高床(の)倉庫
たて穴住居

★今夜のおさらい

縄文時代《じょうもん じだい》の人々《ひとびと》は，たて穴《あな》住居に住み，主《おも》に狩《か》りや漁・採集で生活していました。豊《ゆた》かな恵《めぐ》みを願って，土偶《どぐう》という人形がつくられました。青森《あおもり》県の三内丸山《さんないまるやま》遺跡《いせき》がよく知られています。

打製《だせい》石器や磨製《ませい》石器，
縄文土器を使っていたよ。

弥生《やよい》時代には米づくりが広まり，人々《ひとびと》の生活が大きく変化しました。弥生土器のほか，青銅器や鉄器などの金属器も使われました。

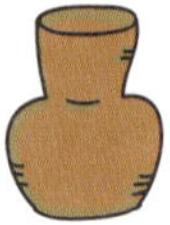
弥生土器

銅鐸《どうたく》

銅剣《どうけん》

寝る前にもう一度

- 縄文時代，遺跡は青森県の三内丸山。豊かな恵みを願う土偶。
- 米づくり広まる弥生時代，収《しゅう》かく物は高床《たかゆか》（の）倉庫《そうこ》へ。

★ 今夜おぼえること

🌟 大仙《だいせん》古墳《こふん》は巨大《きょだい》な前方後円《ぜんぽうこうえん》墳《ふん》，古墳《こふん》の周りにはにわ。

古墳は，その土地を支配していた王や豪族《ごうぞく》の墓だよ。

🌙 大王《おおきみ(だいおう)》を中心とする大和朝廷《やまとちょうてい》。大陸文化を伝えた渡来人《とらいじん》。

中国《ちゅうごく》や朝鮮《ちょうせん》半島から日本に移り住んだ人々を渡来人というよ。
仏教《ぶっきょう》
漢字
朝鮮半島
漢字
須恵器《すえき》
ようこそ！
日本

社会

★今夜のおさらい

古墳《こふん》は王や豪族《ごうぞく》の**墓**で，3世紀後半から6世紀末ごろにかけてつくられました。大阪府《おおさかふ》の大《だい》仙《せん》（仁徳陵《にんとくりょう》）古墳は日本最大の**前方後円墳《ぜんぽうこうえんふん》**です。古墳の周りには，**はにわ**が置かれました。

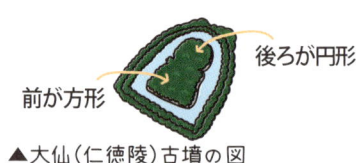

後ろが円形
前が方形

▲大仙（仁徳陵）古墳の図

大和《やまと》（奈良《なら》県）地方に現れた，大王《おおきみ》《だいおう》（後の天《てん》皇《のう》）を中心とする国の政府を**大和朝廷《ちょうてい》**といいます。大和朝廷《ちょうてい》は，仏教，漢字，須恵器《すえき》など，**渡来人《とらいじん》**が伝えた大陸の文化を積極的に取り入れました。

5～6世紀には九州から東北地方南部までを従えたんだ！
大王

寝る前にもう一度

- 大仙古墳は巨大な前方後円墳，古墳の周りにははにわ。
- 大王を中心とする大和朝廷。大陸文化を伝えた渡来人。

★今夜おぼえること

⭐ 聖《しょう》徳《とく》太《たい》子《し》の政治，役人の位は十二階，心構えは十七条。

（冠《かん》位《い》十《じゅう》二《に》階《かい》）

能力のある者を役職につかせよう。
やったー！

（十七条《じゅうしちじょう》の憲法《けんぽう》）

これをしっかり守れ。

🌙 中大兄皇子《なかのおおえのおうじ》と中臣鎌足《なかとみのかまたり》，蘇《そ》我《が》氏をたおして大《たい》化《か》の改新。

蘇我氏をたおしたぞ！
新しい国をつくるんだ。
蘇我氏
中大兄皇子
中臣鎌足

★今夜のおさらい

聖徳太子《しょうとくたいし》は，能力のある者を役人に取り立てるために冠位十二階《かんいじゅうにかい》を定め，役人の心構えを示すために十七条《じゅうしちじょう》の憲法《けんぽう》を定めました。

十七条の憲法（一部）

一、人の和を大切に。

二、仏教を信仰《しんこう》せよ。

三、天皇《てんのう》の命令には必ず従《したが》え。

645年，中大兄皇子《なかのおおえのおうじ》（のちの天智天皇《てんじてんのう》）と中臣鎌足《なかとみのかまたり》（のちの藤原鎌足《ふじわらのかまたり》）らは，蘇我《そが》氏をたおし，天皇を中心とする国づくりを目指して，大化《たいか》の改新《かいしん》と呼《よ》ばれる政治改革《かいかく》を進めました。

大化の改新には，中国から帰国した留学生や留学僧《そう》が協力したんだ。

寝る前にもう一度

聖徳太子の政治，役人の位は十二階《(冠位十二階)》，心構えは十七条《(十七条の憲法)》。

中大兄皇子と中臣鎌足，蘇我氏をたおして大化の改新。

★今夜おぼえること

奈《な》良《ら》時代，聖《しょう》武《む》天《てん》皇《のう》が大仏つくる。仏教の力で国守る。

大仏づくりには僧《そう》の行《ぎょう》基《き》が協力したよ。

国が平和でありますように。

「この世をば　わが世…」とうたう藤《ふじ》原《わらの》道《みち》長《なが》，摂《せっ》関《かん》政治の全《ぜん》盛《せい》築く。

平安《へいあん》時代の中ごろ，藤原氏が政治を行ったよ。

この世をば
わが世とぞ思う
もち月の
かけたることも
なしと思えば

社会

★今夜のおさらい

聖武天皇《しょうむてんのう》は仏教の力で国を守ろうとし，国ごとに国分寺《こくぶんじ》・国分尼寺《こくぶんにじ》を建てました。また，東大寺《とうだいじ》に大仏をつくることを命じました。

▲正倉院に収められた琵琶《びわ》

東大寺の正倉院《しょうそういん》には，聖《しょう》武天皇《むてんのう》の愛用したものなどが収《おさ》められたよ。

平安《へいあん》時代の中ごろ，有力な貴族《きぞく》の藤原《ふじわら》氏が天皇《てんのう》にかわって政治を行いました。この藤原氏の政治を摂関《せっかん》政治といい，藤原道長《ふじわらのみちなが》と頼通《よりみち》のころに最も栄えました。この時代には，はなやかな日本風の文化（国風文化）が生まれました。

私《わたし》たち貴族《きぞく》は
寝殿造《しんでんづくり》の
大きなやしきで
くらしていますよ。

寝る前にもう一度

- 奈良《なら》時代，聖武天皇が大仏つくる。仏教の力で国守る。
- 「この世をば　わが世…」とうたう藤原道長，摂関政治の全《ぜん》盛《せい》築く。

★今夜おぼえること

源頼朝《みなもとのよりとも》が開いた鎌倉幕府《かまくらばくふ》，将軍《しょうぐん》と御家人《ごけにん》はご恩《おん》と奉公《ほうこう》。

源頼朝と家来の御家人は，ご恩と奉公の主従《しゅじゅう》関係を結んだよ。

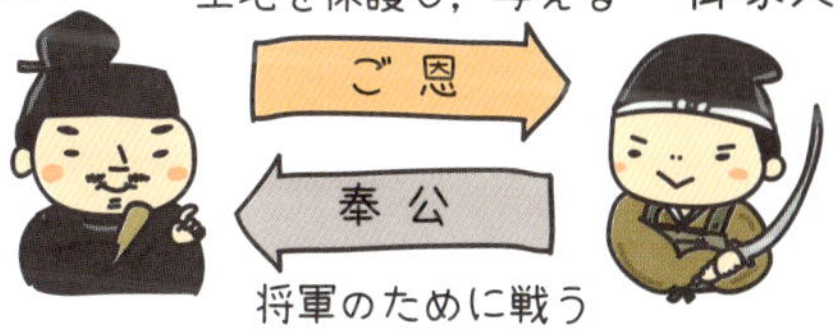
将軍
土地を保護《ほご》し，与《あた》える
御家人
ご恩
奉公
将軍のために戦う

執権《しっけん》北条時宗《ほうじょうときむね》，御家人《ごけにん》指揮して元《げん》と戦う。

元が2度もせめて来たけど，御家人たちの抵抗《ていこう》や暴風《ぼうふう》雨《う》などにあって退《しりぞ》いたよ。

わあ！暴風雨だ！
元軍がにげていくぞ！
引き上げろ！

社会

★今夜のおさらい

源頼朝《みなもとのよりとも》が鎌倉《かまくら》（神奈川《かながわ》県）に開いた政府を鎌倉幕府《かまくらばくふ》といいます。鎌倉時代，幕府（将《しょう》軍《ぐん》）は家来となった武士（御家人《ごけにん》）の領地を守り（ご恩《おん》），武士たちは幕府のために戦いました（奉公《ほうこう》）。

よく働いた者には
新しい土地を
やるぞ！
将軍
御家人

鎌倉時代の中ごろ，元《げん》が日本を従《したが》えようと攻《せ》めてきました（元寇《げんこう》）。執権《しっけん》の北条時宗《ほうじょうときむね》の指《し》揮《き》で御家人たちは命がけで戦い元軍を退《しりぞ》けましたが，ほうびの土地をもらえず，幕府に不満をもつようになりました。

元との戦いのあと，ご恩と奉公の関係がくずれ始め，鎌倉幕府はおとろえるんだ。

寝る前にもう一度

- 源頼朝が開いた鎌倉幕府，将軍と御家人はご恩と奉公。
- 執権北条時宗，御家人指揮《しき》して元と戦う。

★今夜おぼえること

3代将軍《しょうぐん》足利義満《あしかがよしみつ》，明《みん》と貿易。金閣《きんかく》を建てる。

金箔《きんぱく》をはった
ピッカピカの私《わたし》の金閣！
明との貿易で
もうけるぞ！
明へ
足利義満

足利義政《よしまさ》は銀閣《ぎんかく》を建てる。

書院造《しょいんづくり》の部屋は床《とこ》の間《ま》に生け花。

現在の和室は書院造の部屋とよく似ているね。

心静かに花を
いけるのじゃ。

★今夜のおさらい

室町幕府《むろまちばくふ》の3代将軍《しょうぐん》足利義満《あしかがよしみつ》は中国《ちゅうごく》(明《みん》)と貿易を行い，大きな利益を得ました。また，京都《きょうと》の北山《きたやま》に金閣《きんかく》を建てました。

私《わたし》が保護《ほご》した能《のう》は，現代まで受けつがれているぞ。

8代将軍《しょうぐん》の足利義政《よしまさ》は銀閣《ぎんかく》を建てました。このころ広まった書院造《しょいんづくり》の部屋の床《とこ》の間《ま》には生け花がかざられました。

私 雪舟《せっしゅう》は，中国《ちゅうごく》で修行して，すみ絵(水墨画《すいぼくが》)をえがきました。

寝る前にもう一度

- 3代将軍足利義満，明と貿易。金閣を建てる。
- 足利義政は銀閣を建てる。書院造の部屋は床の間に生け花。

★今夜おぼえること

織田信長《おだのぶなが》は，安土城下《あづちじょうか》で楽市《らくいち》・楽座《らくざ》。商工業を盛《も》り上げる。

これで自由に商売できるね！
安土城
織田《おだ》信長

ゴロ合わせ 秀吉の政策《せいさく》 ケン(検地《けんち》) カ(刀狩《かたながり》)の好きな豊臣《とよとみ》秀吉《ひでよし》。天下統一成しとげる。

大阪城《おおさかじょう》
検地と刀狩で，百姓《ひゃくしょう》を支配したのじゃ！
豊臣秀吉

社会

★今夜のおさらい

天下統一を目指した**織田信長《おだのぶなが》**は，**安土城《あづちじょう》**を築き，その城下町《じょうかまち》で**楽市《らくいち》・楽座《らくざ》**を行い，**商工業**をさかんにしようとしました。

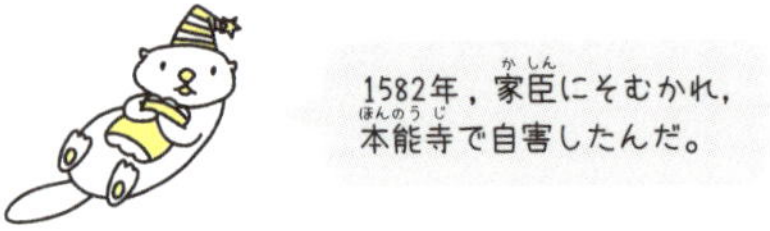
1582年，家臣《かしん》にそむかれ，
本能寺《ほんのうじ》で自害したんだ。

織田信長の後継者《こうけいしゃ》となった**豊臣秀吉《とよとみひでよし》**は，**検地《けんち》**と**刀狩《かたながり》**を行い，**武士が支配する社会のしくみ**を整え，1590年には**天下統一**を達成しました。

これで年貢《ねんぐ》は
ばっちりじゃ。
検地(太閤《たいこう》検地)
刀狩
もう一揆《いっき》は
おこせないね。

寝る前にもう一度

- 織田信長は，安土城下で楽市・楽座。商工業を盛《も》り上げる。
- ケン カの好きな豊臣秀吉。天下統一成しとげる。
  (検地) (刀狩)

★今夜おぼえること

江戸幕府《えどばくふ》開いた徳川家康《とくがわいえやす》，
武家諸法度《ぶけしょはっと》定めて大名《だいみょう》統制。

これからは日本の中心は江戸じゃ！
徳川家康

鎖国《さこく》を完成させた徳川家光《いえみつ》。
貿易はオランダ・中国《ちゅうごく》とだけ。

徳川家光は参勤《さんきん》交代の制度も整えたよ。

オランダには長崎《ながさき》の出島で貿易をゆるす！
わーい
出島《でじま》

★今夜のおさらい

🌟関ヶ原《せきがはら》の戦いに勝利した**徳川家康《とくがわいえやす》**は征夷《せいい》大将軍《たいしょうぐん》に任じられ，**江戸《えど》**に幕府《ばくふ》を開きました。また，大名《だいみょう》を統制するために**武家諸法度《ぶけしょはっと》**を定めました。

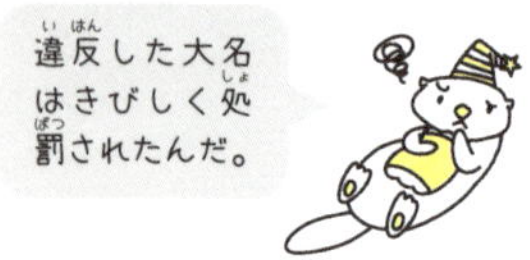
違反《いはん》した大名はきびしく処《しょ》罰《ばつ》されたんだ。

武家諸法度　（部分要約）

一，城を修理する場合は，幕府《ばくふ》に届け出ること。

一，幕府の許可《きょか》を得ずに結婚《けっこん》してはならない。

🌙3代将軍《しょうぐん》の徳川家光《いえみつ》は武家諸法度を改め，**参勤《さんきん》交代**の制度を定めました。1641年に**鎖国《さこく》**を完成させ，以後は長崎《ながさき》で，オランダと**中国《ちゅうごく》**とだけ貿易を行いました。

江戸
妻子《さいし》は人質として江戸に住む
大名は一年おきに往復
出費がかさんでたいへんだ。
領地
大名

▲参勤交代のしくみ

💤寝る前にもう一度

- 🌟江戸幕府開いた徳川家康，武家諸法度定めて大名統制。
- 🌙鎖国を完成させた徳川家光。貿易はオランダ・中国とだけ。

★今夜おぼえること

歌舞伎《かぶき》の脚本《きゃくほん》近松門左衛門《ちかまつもんざえもん》，富士山えがいた葛飾北斎《かつしかほくさい》，東《とう》海道《かいどう》は歌川広重《うたがわひろしげ》。

近松門左衛門
葛飾北斎
歌川広重

医学書ほん訳《やく》，杉田玄白《すぎたげんぱく》。伊能忠敬《いのうただたか》は全国歩いて日本地図。

杉田玄白《すぎたげんぱく》らはオランダ語の医学書をほん訳《やく》して出版したよ。

ヨーロッパの医学書はすばらしい！
さあ，この本をほん訳しよう！
杉田玄白

社会

★今夜のおさらい

江戸《えど》時代，大阪《おおさか》や江戸《えど》などの大都市で町人たちを中心とする文化が栄えました。

歌舞伎《かぶき》や人形浄瑠璃《じょうるり》の台本		近松門左衛門《ちかまつもんざえもん》
浮世絵《うきよえ》	「富嶽三十六景《ふがくさんじゅうろっけい》」	葛飾北斎《かつしかほくさい》
	「東海道五十三次《とうかいどうごじゅうさんつぎ》」	歌川広重《うたがわひろしげ》

▲江戸時代の主な文化

杉田玄白《すぎたげんぱく》らは，オランダ語の医学書を日本語にほん訳《やく》し『解体新書《かいたいしんしょ》』として出版しました。伊能忠敬《いのうただたか》は，日本中を歩いて測量し，正確な日本地図をつくりました。

日本の地図をつくるのが私《わたし》の仕事！

寝る前にもう一度

- 歌舞伎《かぶき》の脚本近松門左衛門。富士山えがいた葛飾北斎，東海道は歌川広重。
- 医学書ほん訳，杉田玄白。伊能忠敬は全国歩いて日本地図。

10. 江戸幕府の滅亡と明治維新

□　月　日
□　月　日

★今夜おぼえること

ペリーが来航し，開国せまる。

日米《にちべい》和《わ》親《しん》条約《じょうやく》で鎖国《さこく》が終わる。

開国してください！
しかたがない…
ペリー

(大久保利通《おおくぼとしみち》)　(西郷隆盛《さいごうたかもり》)

大久保，西郷，木戸孝允《きどたかよし》，

幕府《ばくふ》を倒《たお》して明治維新《めいじいしん》。

明治維新を
進めたのは私《わたし》たちです！
大久保利通
西郷隆盛
木戸孝允

社会

★今夜のおさらい

1853年にアメリカ合衆国《がっしゅうこく》のペリーが来航して開国を求め，翌年《よくとし》，幕府《ばくふ》は日米和親条約《にちべいわしんじょうやく》を結び，鎖国《さこく》の状態が終わりました。

1858年には，日米修好《しゅうこう》通商《つうしょう》条約が結ばれて貿易が始まったんだ。

薩摩藩《さつまはん》（鹿児島《かごしま》県）の大久保利通《おおくぼとしみち》，西郷《さいごう》隆盛《たかもり》，長州藩《ちょうしゅうはん》（山口《やまぐち》県）の木戸孝允《きどたかよし》らが中心となって江戸幕府《えどばくふ》をたおし，明治維新《めいじいしん》を進めました。

1853年	ペリーが来航し，翌年日米和親条約を結ぶ。
1858年	日米修好通商条約を結ぶ。
1867年	江戸幕府がほろびる。
1868年	明治政府による政治が始まる。

▲このころのできごと

寝る前にもう一度

- ペリーが来航し，開国せまる。日米和親条約で鎖国が終わる。
- 大久保，西郷，木戸孝允，幕府をたおして明治維新《いしん》。
  (大久保利通)　(西郷隆盛)

11. 自由民権運動と大日本帝国憲法

□ 月 日
□ 月 日

★今夜おぼえること

板垣退助《いたがきたいすけ》が国会開設を政府に要求、自由民権運動《じゆうみんけんうんどう》広まる。

国会開設！
そうだそうだ！
板垣退助

伊藤博文《いとうひろぶみ》が、ドイツを手本に草案つくった大日本帝国憲法《ていこくけんぽう》。

伊藤博文は初代の内閣《ないかく》総理大臣だよ。

ドイツの憲法をお手本にしよう。
かきかき
憲法草案
伊藤博文

社会

★今夜のおさらい

板垣退助《いたがきたいすけ》は政府に国会開設などを要求する意見書を提出しました。やがて自由民権運動《じゆうみんけんうんどう》は全国に広まり，1881年，政府は10年後の国会の開設を約束しました。

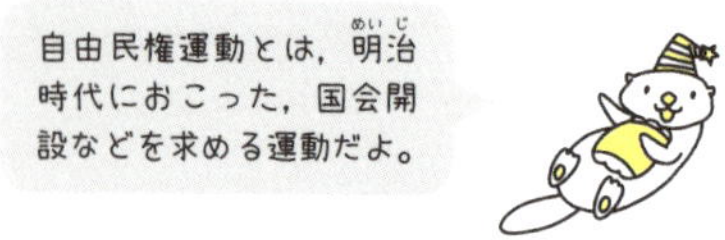
自由民権運動とは，明治《めいじ》時代におこった，国会開設などを求める運動だよ。

伊藤博文《いとうひろぶみ》は，皇帝《こうてい》の権力《けんりょく》の強いドイツの憲《けん》法《ぽう》を学び，憲法づくりを進めました。1889年，天《てん》皇《のう》が国民に与《あた》えるという形で，大日本帝国憲法《ていこくけんぽう》が発布されました。

憲法を与えます。
明治天皇

寝る前にもう一度

- 板垣が国会開設を政府に要求，自由民権運動広まる。
- 伊藤博文が，ドイツを手本に草案つくった大日本帝国憲法。

12. 条約改正と日清・日露戦争

□　月　日
□　月　日

★今夜おぼえること

(陸奥宗光《むつむねみつ》)
陸奥が撤廃《てっぱい》，領事裁判権《りょうじさいばんけん》。

(小村寿太郎《こむらじゅたろう》)
小村が回復，関税自主権《かんぜいじしゅけん》。

不平等条約の改正は・・・

領事裁判権の撤廃
まず私《わたし》
陸奥宗光！
1894年
関税自主権の回復
次は私
小村寿太郎！
1911年

朝鮮《ちょうせん》めぐり，中国《ちゅうごく》と日清《にっしん》戦争。

10年後，ロシアと日露《にちろ》戦争。

1894年　日清戦争
清
ロシア
1904年　日露戦争

★今夜のおさらい

明治《めいじ》政府は，江戸《えど》時代に欧米諸国《おうべいしょこく》と結んだ日本にとって不平等な条約の改正を目指していました。1894年，陸奥宗光《むつむねみつ》が**領事裁判権**《りょうじさいばんけん》（治《ち》外法権《がいほうけん》）をなくすことに，1911年，小村寿太郎《こむらじゅたろう》が**関税自主権**《かんぜいじしゅけん》の回復に成功しました。

領事裁判権を認《みと》める	日本国内で罪をおかした外国人を日本の法律でさばけない。
関税自主権がない	外国からの輸入品に関税をかける権利がない。

▲不平等条約の内容

朝鮮《ちょうせん》（韓国《かんこく》）をめぐっておきた**日清**《にっしん》**戦争**に勝った日本は，中国《ちゅうごく》東北部（満州《まんしゅう》）に勢力を伸《の》ばそうとしたロシアと対立し，**日露**《にちろ》**戦争**が始まりました。

	開戦年	戦後の動き
日清戦争	1894年	日本は台湾《たいわん》などを領土とし，賠償金《ばいしょうきん》を得た。
日露戦争	1904年	ロシアは韓国から退き，1910年に日本は韓国を併合《へいごう》した。

▲日清戦争と日露戦争

寝る前にもう一度

- 陸奥(陸奥宗光)が撤廃《てっぱい》，領事裁判権。小村(小村寿太郎)が回復，関税自主権。
- 朝鮮めぐり，中国と日清戦争。10年後，ロシアと日露戦争。

★今夜おぼえること

アメリカやイギリスと太平洋《たいへいよう》戦争。空襲《くうしゅう》さけて学童疎開《がくどうそかい》。

開戦だ！
どこに行くの？
空襲をさけて
地方へ行くのよ。

広島《ひろしま》・長崎《ながさき》に原爆《げんばく》投下。

ソ連が参戦。日本の降伏《こうふく》で終戦。

1945年8月6日
広島
8月9日
長崎
8月15日
降伏したことが国民に知らされた。

★今夜のおさらい

1941年，日本とアメリカやイギリスなどとの間で，太平洋《たいへいよう》戦争が始まりました。やがて都市への空《くう》襲《しゅう》が激《はげ》しくなり，都市に住む小学生は親もとをはなれて地方へ集団でひ難《なん》（学童疎開《そかい》）しました。

疎開先での生活は
食べ物が少なくて，
いつもおなかが
すいていたんだ。
グーグー

1945年，アメリカ軍が8月6日に広島《ひろしま》，9日には長崎《ながさき》に原子爆弾《ばくだん》を投下し，満州《まんしゅう》などにソ連軍もせめてきて，多くの人々《ひとびと》がなくなりました。日本は降伏《こうふく》を決め，15日，昭和天皇《しょうわてんのう》がラジオ放送で国民に伝え，戦争が終わりました。

1945年3月〜6月には，アメリカ軍が沖縄《おきなわ》に上陸して激《はげ》しい戦いが行われ，多くの県民が命を失ったんだ。

寝る前にもう一度

- アメリカやイギリスと太平洋戦争。空襲さけて学童疎開。
- 広島・長崎に原爆《げんばく》投下。ソ連が参戦。日本の降伏で終戦。

★今夜おぼえること

戦後の改革《かいかく》は，軍隊解散，男女平等，仕上げは日本国憲法《にほんこくけんぽう》。

軍隊解散

男女平等

日本国憲法制定
日本国憲法

独立回復し国連《こくれん》(国際連合)加盟《かめい》。復興アピールした東京オリンピック。

独立を回復

国連に加盟

1964年
東京オリンピック

★今夜のおさらい

戦争に敗れた日本を占領《せんりょう》した連合国軍は，日本を民主化するための改革《かいかく》を進めました。1946年には日本国憲法《にほんこくけんぽう》が公布《こうふ》されました。

軍隊を解散させる → 二度と戦争をしない。
男女平等になる → 女性が選挙権をかく得。
教育制度の改革 → 6年・3年制の義務教育が始まる。
農地改革を行う → 多くの農家が土地をもつようになる。

▲戦後の主な改革

日本はサンフランシスコ平和条約に調印した翌年《よくとし》に主権《しゅけん》を回復し，1956年にはソ連《れん》との国交を回復させ，国際連合《こくさいれんごう》（国連）への加盟《かめい》が認《みと》められました。1964年の東京オリンピックは，日本の敗戦からの復興を世界にアピールする大会ともなりました。

オリンピック開会の直前に，東海道《とうかいどう》新幹線が整備されたんだ。

寝る前にもう一度

- 戦後の改革は，軍隊解散，男女平等，仕上げは日本国憲法。
- 独立回復し国連加盟。復興アピールした東京オリンピック。

★今夜おぼえること

住民の願いの実現をめざす地《ち》方《ほう》自《じ》治《ち》。地方議会で条例《じょうれい》制定。

市長席
議長席
議員席

ある市の議会のようすだよ。何を話し合っているのかな？

ゴロ合わせ 被選挙権《ひせんきょけん》，知事 さん

(都道府県知事)(参議院議員)

30，ほか，25。

(30歳《さい》)　(25歳)

被選挙権は，都道府県知事と参議院議員が満30歳以上，そのほかは満25歳以上のすべての国民に認《みと》められているよ。

被選挙権とは
選挙に立候補《りっこうほ》する
権利です！
必勝
○○党

社会

★今夜のおさらい

都道府県や市(区)町村を地方公共団体《ちほうこうきょうだんたい》(地《ち》方自治体《ほうじちたい》)といいます。地方公共団体の住民が，自分たちの暮《く》らす地域《ちいき》の政治を行うことを**地方自治**といいます。

条例《じょうれい》は地方公共団体が
定める決まりだよ。

都道府県知事や市(区)町村長，都道府県や市(区)町村の議会の議員，国会議員は**選挙**によって選ばれます。選挙で投票する権利《けんり》を**選挙権**，選挙に立候補《りっこうほ》する権利を被《ひ》選挙権といいます。

20歳《さい》以上
25歳以上
30歳以上
投票箱
投票箱
●衆《しゅう》議院議員 ●市(区)町村長
●都道府県・市(区)町村議会議員
●参議院議員
●都道府県知事
選挙権
被選挙権

▲選挙権と被選挙権の年齢《ねんれい》

寝る前にもう一度

- 住民の願いの実現をめざす地方自治。地方議会で条例制定。
- 被選挙権，知事(都道府県知事) さん(参議院議員) 30(30歳)，ほか，25(25歳)。

16. 国会・内閣・裁判所のしくみと働き

□　月　日
□　月　日

★今夜おぼえること

🌟法律《ほうりつ》つくる**国会**，政治を行う**内閣**《ないかく》，**裁判所**《さいばんしょ》では争い解決。

国会
内閣
裁判所
国の政治は，
国会を中心に
内閣と裁判所が
仕事を分担《ぶんたん》して
いるよ。

🌙国会は**立法権**《けん》，内閣は**行政権**，裁判所は**司法権**。権力《けんりょく》分けて**三権**《さんけん》**分立**。

国民は選挙で
国会議員を選ぶことで，
国の政治に参加しているよ。

投票
投票

社会

★今夜のおさらい

国会が法律《ほうりつ》や予算を決め，内閣《ないかく》は法律や予算にもとづいて実際の政治を行います。裁判所《さいばんしょ》は争いごとの解決や，法律《ほうりつ》や政治が憲《けん》法《ぽう》に違反《いはん》していないか判断をします。

国会には衆議院《しゅうぎいん》と参議院《さんぎいん》があるよ。

国の権力《けんりょく》を立法権，行政権，司法権の3つに分け，分担《ぶんたん》する三権《さんけん》分立のしくみがとられています。

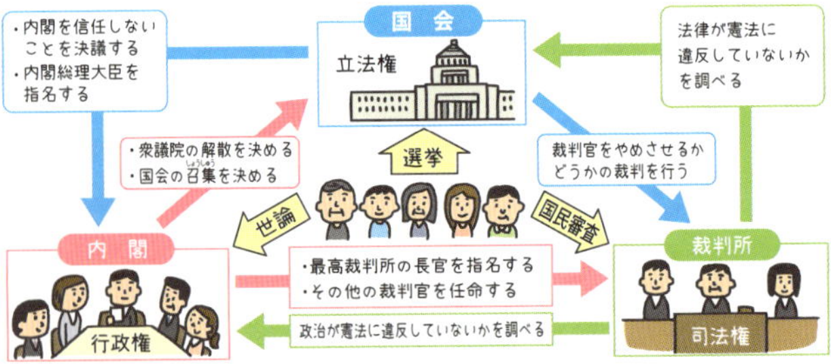

国会
立法権
・内閣を信任しないことを決議する
・内閣総理大臣を指名する
法律が憲法に違反していないかを調べる
・衆議院の解散を決める
・国会の召集《しょうしゅう》を決める
選挙
裁判官をやめさせるかどうかの裁判を行う
世論
国民審査
内閣
行政権
・最高裁判所の長官を指名する
・その他の裁判官を任命する
政治が憲法に違反していないかを調べる
裁判所
司法権

寝る前にもう一度

- 法律つくる国会，政治を行う内閣，裁判所では争い解決。
- 国会は立法権，内閣は行政権，裁判所は司法権。権力分けて三権分立。

★今夜おぼえること

国民が主人公国民主権《こくみんしゅけん》，人間らしく基本的人権《きほんてきじんけん》の尊重《そんちょう》，戦争しない平和主義。

国民主権，
基本的人権の尊重，
平和主義は
日本国憲法《にほんこくけんぽう》の
3つの原則だよ。

ゴロ合わせ 国民の義務は，金曜日には，農協へ。

金（勤労《きんろう》）
農（納税《のうぜい》）
協（教育）

日本国憲法には，国民が守らなければならない義務も定められているよ。

社会

★今夜のおさらい

憲法《けんぽう》は国の政治の基本的なあり方を定めています。日本国憲法には，国民主権《こくみんしゅけん》，基本的人権《きほんてきじんけん》の尊重《そんちょう》，平和主義の3つの原則があります。

日本の政治
国民主権
投票箱
政治の
主人公は国民
基本的
人権の尊重
生まれながらの
権利を大切にする
平和主義
永久に戦争を
しない
日本国憲法

日本国憲法で定める国民の義務は，次の3つです。

子どもに普通《ふつう》教育を受けさせる義務

勤労《きんろう》の義務
（能力に応じて働く義務）

○○運輸

納税《のうぜい》の義務
（税金を納《おさ》める義務）

税務署
税

寝る前にもう一度

- 国民が主人公国民主権，人間らしく基本的人権の尊重，戦争しない平和主義。
- 国民の義務は，金(勤労)曜日には，農(納税)協(教育)へ。

18. 日本と関係の深い国々

□ 月 日
□ 月 日

★今夜おぼえること

多くの民族が暮《く》らすアメリカ。
（アメリカ合衆国《がっしゅうこく》）
大規模《だいきぼ》農業，航空機産業。

アメリカは
さまざまな人種や
民族が暮らしている
国だよ。

人口世界一。急速な経済発《けいざいはっ》展《てん》で，日本の最大貿易相手の中国《ちゅうごく》。
（中華人民共和国《ちゅうかじんみんきょうわこく》）

中国
人口 世界一！
日本

★今夜のおさらい

🌟 多くの民族が暮《く》らす**アメリカ（アメリカ合衆国《がっしゅうこく》）**では，広大な耕地で**大規模《だいきぼ》な農業**が行われています。**航空機産業**もさかんで，日本は**航空機**や**農産物**などを輸入しています。

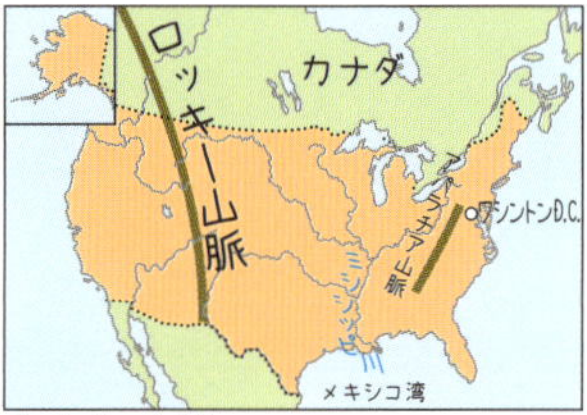

▲主な地形

🌙 **中国（中華人民共和国《ちゅうかじんみんきょうわこく》）**は，近年急速に経済《けいざい》が発展《はってん》し，2013年現在日本の最大の**貿易相手国**です。**人口**は世界一多く，人口増加をおさえる政策《せいさく》がとられています。首都は北京《ペキン》です。

▲主な地形

寝る前にもう一度

- 🌟 多くの民族が暮《く》らすアメリカ(アメリカ合衆国)。大規模農業，航空機産業。
- 🌙 人口世界一。急速な経済発展で，日本の最大貿易相手の中国(中華人民共和国)。

19. 世界の平和と日本の役割

□　月　日
□　月　日

★今夜おぼえること

世界の平和を守る国連（国際連合）。ユニセフは子どもを支援《しえん》。

ユニセフは国際連合の機関の1つだよ。
わーい，ノートだ！
これを使って勉強してね。
unicef

ユニセフの活動の例

PKO《ピーケーオー》（平和維持活動《へいわいじかつどう》）に参加，自衛隊《じえいたい》。発展途上《はってんとじょう》国《こく》で活やく青年海外協力隊《せいねんかいがいきょうりょくたい》。

青年海外協力隊は，ODA《オーディーエー》（政府開発援助《えんじょ》）という，日本の国際協力活動の1つなんだ。

子どもたちに絵のかき方を教えているの。

青年海外協力隊の活動の例

社会

★今夜のおさらい

国際連合《こくさいれんごう》（国連）は、世界の平和を守ることを目的につくられました。ユニセフは、戦争や貧困《ひんこん》などで厳《きび》しい暮《く》らしをしている子どもたちを助ける活動をしています。

ユネスコ以外の国連のおもな機関

総会

全加盟国《かめいこく》の代表が参加。

安全保障《ほしょう》理事会

平和を守る活動を中心に行う。

ユネスコ

教育や文化を守る。
世界遺産《いさん》に登録

日本から自衛隊が参加している、国連の平和維持活動《へいわいじかつどう》（PKO《ピーケーオー》）は、世界各地でおきた紛争《ふんそう》の解決のために国連が行う活動です。青年海外協力隊《せいねんかいがいきょうりょくたい》は、発展途上国《はってんとじょうこく》でボランティア活動を行っています。

寝る前にもう一度

- 世界の平和を守る国連《（国際連合）》。ユニセフは子どもを支援《しえん》。
- PKO《（平和維持活動）》に参加，自衛隊。発展途上国で活やく青年海外協力隊。

★今夜のおさらい

言葉や文、段落《だんらく》をつないで、前後の関係を表す言葉を、接続語といいます。

接続語には、「順接《じゅんせつ》」「逆接《ぎゃくせつ》」「並《へい》立《りつ》・累加《るいか》」「対比《たいひ》・選択《せんたく》」「説明・補《ほ》足《そく》」「転換《てんかん》」の六種類があるよ。

「だから」などの順《じゅん》接《せつ》の接続語は前からの自然な結果が、「しかし」などの逆接《ぎゃくせつ》の接続語は前とは逆の結果がくることを表します。

寝《ね》る前にもう一度

言葉《ことば》・文《ぶん》・段落《だんらく》つなぐ接続語《せつぞくご》。

「だから」が順接《じゅんせつ》、「しかし」が逆接《ぎゃくせつ》。

19. 接続語

月　日
月　日

★今夜おぼえること

★言葉《ことば》・文《ぶん》・段落《だんらく》つなぐ接続語《せつぞくご》。

☽「だから」が順接《じゅんせつ》、「しかし」が逆接《ぎゃくせつ》。

★今夜のおさらい

「大きな木。」「白い雲。」の——線部のように、あとの言葉をくわしく説明する言葉を修飾語《しゅうしょくご》といいます。

修飾語にくわしくされる言葉を被修飾語《ひしゅうしょくご》というよ。

「何を」「だれに」「どのくらい」に当たる言葉も、修飾語《しゅうしょくご》です。

例えば、「私《わたし》は、友人におみやげをたくさんあげた。」のうち、「おみやげを」が「何を」、「友人に」が「だれに」、「たくさん」が「どのくらい」に当たるよ。

寝《ね》る前にもう一度

あとに続《つづ》く言葉《ことば》をくわしく修飾語《しゅうしょくご》。

「いつ」「どこで」「どんな」「どのように」が修飾語《しゅうしょくご》。

月　日
月　日

★今夜おぼえること

あとに続《つづ》く言葉《ことば》をくわしく修飾語《しゅうしょくご》。

白い雲
青い海

「いつ」「どこで」「どんな」「どのように」が修飾語《しゅうしょくご》。

12時に空港のレストランでおいしいランチをもりもり食べる。

★今夜のおさらい

文の基本の形は、主語と述語からできています。

例 だれ(何)が―どうする
だれ(何)が―どんなだ
だれ(何)が―何だ
だれ(何)が―ある・いる

主語と述語のうち、述語はふつう、文の終わりにあります。

例 子犬がワンワン鳴く。
私《わたし》は今度、中学生だ。

文の中で主語・述語を探《さが》すときは、まず述語を確認《かくにん》してから、それに対する主語を見つけるといいよ。

寝《ね》る前にもう一度

- 文中《ぶんちゅう》で「だれが」「何《なに》が」が主語《しゅご》になる。
- 「どうする」や「何《なん》だ」に当《あ》たる言葉《ことば》が述語《じゅつご》だよ。

★今夜おぼえること

文中《ぶんちゅう》で「だれが」「何《なに》が」が主語《しゅご》になる。

私《わたし》が
飛行機が

「どうする」や「何《なん》だ」に当《あ》たる言葉《ことば》が述語《じゅつご》だよ。

パイロットだ
飛ぶ

★今夜のおさらい

★★ 漢字の読みには、音と**訓**の二種類があります。

例 重

- 音　ジュウ・チョウ
- 訓　おもい・かさねる
- かさなる

複数の音読みや訓読みをもつ漢字も多いよ。

☾ 漢字には、**複数**の意味をもつものがあります。

例 布

- ①布。例 布きん
- ②広く行きわたらせる。例 配布

「分布」「布教」などは②の意味で使われている熟語《じゅくご》だよ。

寝《ね》る前にもう一度

★★ 重《おも》い荷《に》　重《かさ》ねて重量《じゅうりょう》オーバー。

☾ ぞうきん用《よう》の布《ぬの》を配布《はいふ》する。

月　日　月　日

16. 漢字の音と訓／複数の意味をもつ漢字

★今夜おぼえること

重《おも》い荷《に》重《かさ》ねて
重量《じゅうりょう》オーバー。

ぞうきん用《よう》の
布《ぬの》を配《はい》布《ふ》する。

★今夜のおさらい

相手や話題の中の人の動作などを高めて言う言葉を、尊敬語《そんけいご》といいます。

例　食べる・飲む→めし上がる
言う→おっしゃる

自分の身内のことを他の人に話す場合には尊敬語は使わないので、注意しよう。

自分の側の動作を低めて言うことで相手を高める言葉を、謙譲語《けんじょうご》といいます。

例　行く・来る→参る・うかがう
言う→申す・申し上げる

「めし上がる」と「いただく」のように、尊敬語と謙譲語で対応しているものもあるよ。

寝《ね》る前にもう一度

「いらっしゃる」、「いる」「行《い》く」「来《く》る」の尊敬語《そんけいご》。

「いただく」は、「もらう」「食《た》べる」の謙譲語《けんじょうご》。

今夜おぼえること

「いらっしゃる」、「いる」「行《い》く」「来《く》る」の尊《そん》敬《けい》語《ご》。

「いただく」は、「もらう」「食《た》べる」の謙《けん》譲《じょう》語《ご》。

月 日
月 日

今夜のおさらい

「そうだ」は人から聞いたことを表す場合、「かもしれない」「だろう」は不確かなことを表す場合に使う文末の言葉です。

「降《ふ》るようだ」なども不確かなことを表す場合に使う表現だよ。

「か」は疑問《ぎもん》を投げかける場合、「つもりだ」は自分の意志を述べる場合、「なさい」は相手に命令する場合に使う文末の言葉です。

「～ましょう」は相手をさそう場合などに使う。文末の言葉はいろいろあるね。

寝《ね》る前にもう一度

降《ふ》るそうだ、降《ふ》るかもしれない、降《ふ》るだろう。

食《た》べますか？ 食《た》べるつもりだ。食《た》べなさい。

14. 文末表現

月　日
月　日

★今夜おぼえること

降《ふ》るそうだ、

降《ふ》るかもしれない、

降《ふ》るだろう。

午後から
雨・・・

食《た》べますか？

食《た》べるつもりだ。

食《た》べなさい。

食べますか？
食べるつもりだ
食べなさい

★今夜のおさらい

訓読みが同じで意味はちがう漢字を同《どう》訓《くん》異《い》字《じ》といいます。

例 備《そな》える ― 供《そな》える

敗《やぶ》れる ― 破《やぶ》れる

同訓異字の言葉は、意味を調べて正しく使い分けできるようにしよう。

音読みが同じで、意味はちがう熟語《じゅくご》を同音異《い》義《ぎ》語《ご》といいます。

例 開放《かいほう》―解放《かいほう》―快方《かいほう》

読み方が同じというだけで、全く別の言葉だね。

寝《ね》る前にもう一度

暖《あたた》かい春《はる》の日《ひ》に、温《あたた》かいお茶《ちゃ》を飲《の》む。

糖分《とうぶん》の多《おお》い食《た》べ物《もの》は当分《とうぶん》ひかえる。

月　日
月　日

13. 同じ訓の漢字／同じ読みの熟語《じゅくご》

★今夜おぼえること

暖《あたた》かい春《はる》の日《ひ》に、温《あたた》かいお茶《ちゃ》を飲《の》む。

糖分《とうぶん》の多《おお》い食《た》べ物《もの》は当分《とうぶん》ひかえる。

音読みが同じで意味や使い方がちがう漢字を、**同音異字《いじ》**といいます。

例 ヒ…否《ひ》定《てい》・秘《ひ》密《みつ》

「ヒ」という音読みの漢字は、他に「火」「比」「皮」「肥」「悲」「費」などたくさんあるよ。

音読みが同じで、**同じ部分**をもつ**同音****異字《いじ》**もあります。

例 ケン…検・険・験

コウ…講・構

同音異字で、同じ部分をもつ漢字は、意味を調べて正しく使い分けできるようにしよう。

寝《ね》る前にもう一度

批《ひ》判《はん》や非《ひ》難《なん》が集中《しゅうちゅう》する。

複《ふく》雑《ざつ》な往《おう》復《ふく》にうんざりする。

12. 同じ音の漢字

★今夜おぼえること

批《ひ》判《はん》や非《ひ》難《なん》が集中《しゅうちゅう》する。

複《ふく》雑《ざつ》な往《おう》復《ふく》にうんざりする。

□月　日
□月　日

国語

★今夜のおさらい

★二字熟語《じゅくご》を**二つ**組み合わせた組み立てです。

例 右往左往・安全地帯

「右往左往」は、意味の似た二字熟語を重ねた組み立て、「安全地帯」は、上の二字熟語が下の二字熟語を説明する組み立てだよ。

☾四字の漢字が**対等**に並《なら》ぶ組み立てです。

例 花鳥風月・起承転結・東西南北

三字熟語にも、三字が対等に並ぶ組み立てがあるね。

寝《ね》る前にもう一度

★満員《まんいん》の電車《でんしゃ》が「満員電車《まんいんでんしゃ》」。

☾「春夏秋冬《しゅんかしゅうとう》」、対等《たいとう》だ。

月　日　月　日

今夜おぼえること

満員《まんいん》の電車《でんしゃ》が
「満員電車《まんいんでんしゃ》」。

「春《しゅん》夏《か》秋《しゅう》冬《とう》」、
対等《たいとう》だ。

★今夜のおさらい

二字熟語《じゅくご》の上に、一字の漢字が付いている組み立てです。

例 旧校舎・不可能

「旧校舎」は、上の一字が下の二字熟語を説明しているね。「不可能」は、上の一字が下の二字熟語の意味を打ち消しているよ。

二字熟語《じゅくご》の下に一字の漢字が付いていると、三字が対等に並《なら》んでいる組み立てです。

「積極的」の「的」は、上の二字熟語に「〜のような状態にある」という意味をそえているよ。

寝《ね》る前にもう一度

短《みじか》い時間《じかん》は「短時間《たんじかん》」、制限《せいげん》無《な》いのが「無制限《むせいげん》」。

深海《しんかい》の魚《さかな》は「深海魚《しんかいぎょ》」、「衣食住《いしょくじゅう》」は対等《たいとう》だ。

月　日
月　日

★今夜おぼえること

☆☆☆ 短《みじか》い時間《じかん》は「短時間《たんじかん》」、制限《せいげん》無《な》いのが「無《む》制限《せいげん》」。

☽ 深海《しんかい》の魚《さかな》は「深海魚《しんかいぎょ》」、「衣食住《いしょくじゅう》」は対等《たいとう》だ。

今夜のおさらい

上の漢字が下の漢字の様子を説明する組み立てです。

例 国旗・再会・最良

「国旗」は「国の旗」、「再会」は「再び会う」、「最良」は「最も良い」と訓読みして確認《かくにん》できるよ。

下の漢字が上の漢字の目的・対象を表す組み立てです。

例 開会・乗車・預金

「開会」は「会を開く」、「乗車」は「車に乗る」、「預金」は「金を預ける」と「〜を」「〜に」に当たる言葉が下にきているね。

寝《ね》る前にもう一度

「強風《きょうふう》」は「強《つよ》い風《かぜ》」、「親友《しんゆう》」は「親《した》しい友《とも》」。

「着席《ちゃくせき》」は「席《せき》に着《つ》く」、「加熱《かねつ》」は「熱《ねつ》を加《くわ》える」。

月　日

月　日

★今夜おぼえること

「強風《きょうふう》」は「強《つよ》い風《かぜ》」、「親友《しんゆう》」は「親《した》しい友《とも》」。

「着席《ちゃくせき》」は「席《せき》に着《つ》く」、「加熱《かねつ》」は「熱《ねつ》を加《くわ》える」。

★今夜のおさらい

☆意味がおたがいに反対(対《つい》)の漢字どうしの組み立てです。

例 寒暖《かんだん》・勝敗・難易《なんい》

「寒暖」は「寒い」と「暖《あたた》かい」、「勝敗」は「勝つ」と「敗れる」、「難易」は「難《むずか》しい」と「易しい」が反対の意味だね。

☽意味がおたがいに似た漢字どうしの組み立てです。

例 救助・幸福・切断

「救助」は「救う」と「助ける」、「幸福」は「幸せ」と「福」、「切断」は「切る」と「断つ」で、似た意味だね。

寝《ね》る前にもう一度

☆「善悪《ぜんあく》」は、「善《ぜん》」と「悪《あく》」とが反対《はんたい》だ。

☽「行進《こうしん》」は、「行《い》く」も「進《すす》む」も似《に》た意味《いみ》だ。

月　日
月　日

★今夜おぼえること

「善悪《ぜんあく》」は、「善《ぜん》」と「悪《あく》」とが反対《はんたい》だ。

「行進《こうしん》」は、「行《い》く」も「進《すす》む」も似《に》た意味《いみ》だ。

部首とは、複数の漢字に共通する部分のことです。

例 ぎょうにんべん…従・径・徒

りっとう…列・刻・割

「亻」は「道」や「行くこと」などに関連した字、「刂」は「刀」や「切ること」などに関連した字に使われるよ。

部首は、へん（　）、つくり（　）、かんむり（　）、あし（　）、たれ（　）、にょう（　）、かまえ（　）に分けられます。

部首の位置によって呼《よ》び方がちがうんだ。

寝《ね》る前にもう一度

漢字《かんじ》の中《なか》、同《おな》じ部分《ぶぶん》を部首《ぶしゅ》という。

位置《いち》により、部首《ぶしゅ》は七《なな》つに分《わ》けられる。

★今夜おぼえること

漢《かん》字《じ》の中《なか》、同《おな》じ部《ぶ》分《ぶん》を部《ぶ》首《しゅ》という。

位《い》置《ち》により、部《ぶ》首《しゅ》は七《なな》つに分《わ》けられる。

月 日
月 日

国語

★今夜のおさらい

画とは、漢字を組み立てているいろいろな形の点や線のうち、**ひと続きに書く点や線**のことです。

「女」の「く」や「区」の「L」、「級」の「ろ」、「号」の「ㄅ」などは、ひと続きに書く線だね。

総画数とは、一つの漢字に使われている**画の数の総数**のことです。

例 口（三画）・母（五画）

右の赤い画はどれも一画で書くよ。二画で書いてしまうと漢字の総画数が変わってしまうので、注意しよう。

寝《ね》る前にもう一度

ひと続《つづ》き　書《か》いた点《てん》・線《せん》、画《かく》という。

画《かく》の数《かず》、全部《ぜんぶ》合《あ》わせて総画数《そうかくすう》。

★今夜おぼえること

ひと続《つづ》き書《か》いた点《てん》・線《せん》、画《かく》という。

画《かく》の数《かず》、全《ぜん》部《ぶ》合《あ》わせて総画数《そうかくすう》。

□ 月 日
□ 月 日

奏

音 ソウ
訓 （かなでる）

一 二 三 丰 夫 奏 奏 奏 奏

- 演奏《えんそう》
- 合奏《がっそう》
- 説得が功《こう》を奏《そう》する。

「奏」の「夭」の部分の最後の画は、はらわずに止めることに注意しよう。

棒

音 ボウ
訓 ―

一 十 才 木 朩 朩 朩 朩 棒 棒 棒 棒

- 棒読《ぼうよ》み
- 鉄棒《てつぼう》
- おにに金棒《かなぼう》

「棒」の「キ」の部分の形に注意しよう。「夭」や「牛」などと書かないようにね。

寝《ね》る前にもう一度

三人《さんにん》で、天《てん》（夭）に向《む》かって演奏《えんそう》だ。

木《き》の横《よこ》で、三人《さんにん》キ（キ）の棒《ぼう》を持《も》つ。

月 日 月 日

★今夜おぼえること

三人《さんにん》で、
天《てん》（天）に向《む》かって
演奏《えんそう》だ。

木《き》の横《よこ》で、
三人《さんにん》キ（キ）の
棒《ぼう》を持《も》つ。

否

音 ヒ
訓 （いな）

一ア不不不否否

・否定《ひてい》
・合否《ごうひ》
・賛否《さんぴ》を問う。

「否」には「反対。反対を意味する言葉」という意味があるよ。

収

音 シュウ
訓 おさめる おさまる

丨丩収収

・収録《しゅうろく》
・回収《かいしゅう》
・勝利を収める《おさめる》。

「又」の部分は、「又」と左上の部分をくっつけて書かないように注意。

寝《ね》る前にもう一度

不安《ふあん》を口《くち》にして、否定《ひてい》する。

1《いち》時《じ》にレ（↓）つヌ（又）け、収録《しゅうろく》だ。

★今夜おぼえること

月 日
月 日

不《ふ》安《あん》を口《くち》にして、否《ひ》定《てい》する。

1《いち》時《じ》にレ（レ）つヌ（又）け、収《しゅう》録《ろく》だ。

揮

音 キ

訓 ―

一 十 扌 扌 扌 护 护 拐 捐 揖 揮

・揮発油《きはつゆ》

・指揮《しき》

・実力を発揮《はっき》する。

「揮発油」とは、石油を蒸留《じょうりゅう》して作った、ガソリンやベンジンなどのことだよ。

拝

音 ハイ

訓 おがむ

一 十 扌 扌 扌 扌 扌 拝

・拝見《はいけん》

・礼拝《れいはい》

・初日《はつひ》を拝《おが》む。

「拝」には「①おがむ。②自分の動作の上に付けてへりくだることで、相手を敬《うやま》う語」の意味があるよ。

寝《ね》る前にもう一度

揮 手《て》（扌）で軍《ぐん》隊《たい》の指《し》揮《き》をする。

拝 手《て》（扌）に四本《よんほん》（三）持《も》って、1回《いっかい》拝《おが》む。

月 日

月 日

★今夜おぼえること

★★ 手《て》（扌）で軍《ぐん》隊《たい》の
指《し》揮《き》をする。

☾ 手《て》（扌）に
四《よん》本《ほん》（三）持《も》って、
1《いっ》回《かい》拝《おが》む。

★今夜のおさらい

賃

音 チン
訓 ―

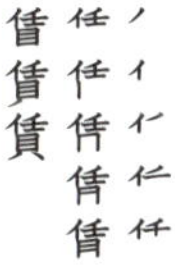

・賃金《ちんぎん》
・家賃《やちん》
・賃貸《ちんたい》住宅《じゅうたく》に住む。

「賃」には「代金としてしはらうお金」という意味があるよ。

翌

音 ヨク
訓 ―

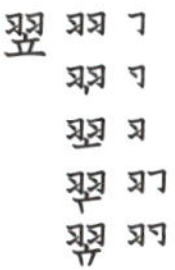

・翌日《よくじつ》
・翌週《よくしゅう》
・翌年《よくねん》（よくとし）の春引っこす。

「翌」には「次の」という意味があるよ。

寝《ね》る前にもう一度

任《まか》せろ！ 貝《かい》の家《いえ》の家賃《やちん》なら。

羽《は》立《た》て 翌日出発《よくじつしゅっぱつ》だ。

★今夜おぼえること

任《まか》せろ！　貝《かい》の
家《いえ》の家《や》賃《ちん》なら。

羽《はね》立《た》て
翌《よく》日《じつ》出《しゅっ》発《ぱつ》だ。

□ 月 日
□ 月 日

★今夜のおさらい

沿

音 エン
訓 そう

丶 冫 氵 氵 汃 沿 沿 沿

・沿岸《えんがん》
・海沿《うみぞ》い
・私鉄《してつ》沿線《えんせん》に住む。

「沿」は「ハ」の部分の上をくっつけて書かないようにしよう。

盛

音 (セイ)(ジョウ)
訓 もる (さかる) (さかん)

ノ 厂 万 成 成 成 成 成 成 盛

・盛《も》り付《つ》け
・大盛《おおも》り
・会話が盛《も》り上《あ》がる。

「盛」には「①高く積み上げる。②さかん。さかり」という意味があるよ。

寝《ね》る前にもう一度

シずかにハローと沿岸《えんがん》で。

成功《せいこう》だ！ 皿《さら》の盛《も》り付《つ》け、見事《みごと》でしょ。

1. おぼえておきたい漢字①

月　日　月　日

★今夜おぼえること

シずかにハローと
沿岸《えんがん》で。

成功《せいこう》だ！
皿《さら》の盛《も》り付《つ》け、
見事《みごと》でしょ。

国語は
こちら側から
始まるよ!

編集協力：上保匡代，有限会社オフサイド，鈴木瑞穂，株式会社装文社，八木佳子

表紙・本文デザイン：山本光徳
本文イラスト：山本光徳,ねもときょうこ,おおつかめぐみ,さとうさなえ,小山健,tokico,小坂タイチ
DTP：株式会社明昌堂　　データ管理コード：16-1772-2949（CS5）
図版：株式会社明昌堂，株式会社アート工房
写真：無印：編集部，その他の出典は写真そばに記載
※赤フィルターの材質は「PET」です。
◆この本は下記のように環境に配慮して製作しました。
・製版フィルムを使用しないCTP方式で印刷しました。
・環境に配慮して作られた紙を使用しています。

寝る前5分 暗記ブック 小6

⑦